Mensagens Inspiradoras

Incríveis histórias do outro lado da vida

Gordon Smith

Mensagens Inspiradoras
Incríveis histórias do outro lado da vida

Tradução
Marcos Maffei

Título original: *Life changing messages*
Copyright © 2007 by Gordon Smith
English language publication 2007 by Hay House UK Ltd.
Imagem de capa: M11690bDS|DC|© Mode/LatinStock

Todos os direitos reservados. Nenhuma parte desta obra pode ser reproduzida, ou transmitida por qualquer forma ou meio eletrônico ou mecânico, inclusive fotocópia, gravação ou sistema de armazenagem e recuperação de informação, sem a permissão escrita do editor.

Direção editorial
Soraia Luana Reis

Editora
Luciana Paixão

Editora assistente
Valéria Sanalios

Assistência editorial
Elisa Martins

Revisão
Diego Rodrigues

Criação e produção gráfica
Thiago Sousa

Assistente de criação
Marcos Gubiotti

CIP-Brasil. Catalogação-na-fonte
Sindicato Nacional dos Editores de Livros, RJ

S646m Smith, Gordon, 1962-
Mensagens inspiradoras / Gordon Smith; tradução Marcos Maffei. - São Paulo: Prumo, 2008.

Tradução de: Life changing messages
ISBN 978-85-61618-25-4

1. Smith, Gordon, 1962-. 2. Médiuns - Escócia. 3. Espiritualidade. I. Título.

08-2377.
CDD: 133.91
CDU: 133.9

Direitos de edição para o Brasil:
Editora Prumo Ltda.
Rua Júlio Diniz, 56 – 5º andar – São Paulo/SP – Cep: 04547-090
Tel: (11) 3729-0244 – Fax: (11) 3045-4100
E-mail: contato@editoraprumo.com.br / www.editoraprumo.com.br

DEDICATÓRIA   Gostaria de dedicar este livro para minha amiga Julie Thacker Scully – por todos os seus esforços de tentar levar o conhecimento da continuação do espírito humano para mentes do mundo todo.

AGRADECIMENTOS   Gostaria de agradecer a Lizzie Hutchins por todo o seu intenso trabalho e a Chris Hutchins por ter me acompanhado em muitas de minhas jornadas.

Também ao meu amigo Keith Bishop – que sempre me lembra a permanecer jovem – e a Derek Lambias, um dos homens mais gentis que já conheci.

E por fim, mas de forma alguma menos importante, Louise L. Hay, uma verdadeira dama de espírito.

Sumário

As palavras certas na hora certa	11
Quando até a esperança começa a desaparecer...	25
Veracidade dos espíritos	39
Superando barreiras de idioma	47
Ver para crer	55
Aceite o amor...	63
Falando com os "bem-conectados"	75
Vivendo a vida com espiritualidade	87
Encontrando aqueles que precisam mais	105
Confiando no espírito	119
Sonhos, pesadelos e medos	127
Palavras de provação	135
A mensagem que mudou minha própria vida	143

As palavras certas na hora certa

Qualquer um que tenha recebido uma mensagem espiritual provavelmente dirá que sua vida mudou depois disso. Pode alguma coisa ser mais reconfortante do que ter notícias de alguém por quem você estava de luto, alguém que você acreditava ter-se ido para sempre? Saber que essa pessoa está bem viva e feliz do outro lado, livre de dor, culpa ou remorso e acompanhando de fato o que acontece em sua vida é uma experiência extraordinária. Especialmente quando é apoiada por "provas" – segredos, talvez, que só você e aquela pessoa poderiam saber.

Ao longo de minha mediunidade, tenho tido o privilégio de entregar milhares de mensagens do outro mundo e ver a alegria com que as pessoas as recebem. Sou apenas um mensageiro; passo adiante o que recebo e então sigo em frente. Mas o que sempre guardo comigo é a maneira como as pessoas mudam após receber uma mensagem desse tipo.

Durante uma viagem recente para a Grécia, eu estava dando uma entrevista coletiva quando uma senhora de meia-idade que conseguira dar um jeito de entrar ali me chamou do fundo da sala. Estava toda vestida de preto e parecia que havia passado a vida toda de luto. O que estava dizendo, segundo meu intérprete grego, era o equivalente a "Socorro! Socorro! Estou desesperada".

O objetivo dessas entrevistas coletivas é explicar à mídia o que faço, sem dar demonstrações. Mas aquela mulher parecia estar sofrendo muito, de modo que pedi a ela que aguardasse, pois, assim que a entrevista terminasse, eu faria tudo o que estivesse ao meu alcance para ajudá-la.

Fiquei sabendo depois que ela era mãe de uma adolescente que desaparecera mais de vinte anos atrás. Quando o corpo de sua filha afinal foi encontrado, o relatório inicial da polícia sugeria morte por overdose de drogas – ou seja, apenas uma viciada a mais atulhando os registros oficiais. Todavia, aquela mãe não pôde aceitar isso como verdade. Quando a imprensa foi embora (ficando apenas uma câmera, pois a senhora permitira que nossa conversa fosse filmada), aquela atormentada pessoa sentou-se à minha frente.

Quase que imediatamente sua filha apareceu para mim. Ela me disse que sua mãe achava que ela tinha sido estuprada e assassinada, mas não fora isso que realmente acontecera. Informou-me ainda sobre os responsáveis por sua morte. Lágrimas escorriam pelo rosto da mulher, mas ela simplesmente assentiu quando eu passei a mensagem de sua filha.

A filha sabia que a mãe não mediria esforços para tentar descobrir a verdade durante todos aqueles anos. Ela se infiltrara no grupo de marginais que sempre julgara ser os responsáveis, até mesmo assumindo o papel de uma prostituta para poder informar-se mais sobre a gangue. A justiça nunca tinha sido feita, mas aquele momento era a hora. A filha apontava para minhas unhas. A princípio não entendi o que isso significava, mas a mãe sorriu. Então a filha me contou que seu corpo tinha sido exumado e que vestígios de cabelo e pele tinham sido encontrados sob as unhas dos dedos de sua mão, deixando pistas para a polícia investigar um dos suspeitos que sua mãe apontara.

Como o processo judicial está em andamento, obviamente não posso citar nomes. Mas isso é irrelevante. O que realmente importa é ela ter dito à sua mãe que não estava sofrendo; de fato sentia-se feliz e sorria para ela. Aquela mãe foi embora feliz pela primeira vez em mais de vinte anos. Fiquei sabendo depois que ela não se veste mais de preto e retomou sua vida habitual. Quem pode negar que essa mensagem espiritual mudou uma vida?

Raramente tenho a oportunidade de ver os resultados de meu trabalho no longo prazo, mas, nas ocasiões em que isso é possível, nunca fico desapontado. Os leitores de meu último livro, *Stories from the other side*, se lembrarão de que mencionei uma senhora indiana me chamando da platéia numa demonstração que eu estava fazendo num grande salão, nas Midlands. Ela exclamou, emocionada: "Mas esse é o meu filho, meu filho!" no momento em que eu comecei a dar uma mensagem para a pessoa errada. Isso pode acontecer em uma sala lotada. Naquela ocasião, eu estava passando a mensagem para a mulher sentada na frente dela.

Inicialmente a senhora indiana estava chorando descontroladamente, mas, quando recuperou a compostura, disse:

– Há alguns minutos pedi a meu filho que enviasse um sinal. "Se você estiver aqui", eu disse, "derrube alguma coisa", e naquele exato momento a senhora sentada ao meu lado derramou a bebida.

A mensagem que veio foi muito bonita. O menino me disse que fazia quase um ano que ele falecera e sua escola estava preparando uma homenagem em sua memória. Ele disse mais, muito mais, e a cada momento que eu repetia as palavras do menino sua mãe gritava "Sim, sim, sim!" Por fim, eu me ouvi dizer:

– Seu filho está dizendo: "Não deixe minha morte arruinar sua vida e, por favor, desista dessa idéia de se matar".

Quando a sessão terminou, a mulher e o marido vieram conversar comigo nos bastidores. Ela estava rindo e soluçando ao mesmo tempo, então se virou para o marido e disse:

– Meu marido nem sabia disso, mas se meu filho não tivesse vindo hoje à noite eu iria me matar amanhã. Tudo o que o senhor me disse estava correto, e agora sei que o espírito dele vive. Obrigada, obrigada, obrigada.

Em seguida foi a vez do marido:

– Gordon Smith salvou a vida da minha mulher esta noite. Ela veio para cá tão infeliz e agora está indo embora feliz, pois tem certeza de que há vida do outro lado e nosso filho está lá, vivendo essa vida.

Devo admitir que fiquei preocupado por algum tempo com aquela mulher. Não havia dúvida de que a mensagem afetuosa e detalhada que o filho enviara para ela exercera um efeito positivo, mas, quando uma pessoa está com tendências suicidas como ela estava naquela noite, há a possibilidade de o perigo retornar com o passar do tempo, de modo que fiquei contente quando, um ano depois, o casal me pediu para que voltássemos a nos encontrar. Raramente faço uma segunda sessão, mas estava tão aliviado que aquela senhora continuava viva que a fiz. Então, quase imediatamente me veio um nome indiano que eu, com certeza, nunca ouvira antes.

– Eu quase caí da cadeira – a mulher me disse depois. – Como você poderia saber sobre essa pessoa? Somos *sikhs* e esse nem mesmo é um nome *sikh*, no entanto, você o pronunciou perfeitamente. Eu quase desmaiei!

Ela me disse que se tratava de uma menina que havia sido amiga de seu filho no ensino médio. Um dia, ele a encontrou desolada no parque da escola e tentou consolá-la, perguntando gentilmente:

– O que aconteceu?

A menina explicou que seu primo tinha falecido recentemente e ela sentia muita saudade dele.

– Por que você não conversa com ele? – o garoto sugeriu. – Vai fazer você se sentir melhor.

— Você não ouviu? — a amiga protestou. — Ele faleceu. Ele está morto!

— Eu entendi — disse o menino. — Mas ele ainda pode ouvi-la. Tente falar com ele e você verá.

A mulher me disse que se encontrou com essa menina depois da morte do filho e ficou sabendo que ela passou a falar com o primo todo dia, sentindo-se muito melhor.

E havia mais coisas para quase derrubar aquela senhora da cadeira. Disse a ela que sentia algo estranho relacionado com seu filho e um telefone.

— Como você poderia saber disso?! — espantou-se ela.

O fato é que a mulher estava assistindo ao *UK Living* certa noite pouco depois que seu filho falecera e vira o médium americano John Edward. Ele conversava com uma mãe de luto cujo filho tentara entrar em contato com ela fazendo o telefone tocar inexplicavelmente. A senhora indiana não pensou mais no assunto até que meia hora depois o telefone tocou e ela o atendeu normalmente. Havia silêncio do outro lado da linha: após alguns instantes ela desligou e discou 1471[1].

— Normalmente, se você recebe uma ligação de um telefone não-listado ou do exterior, há uma mensagem gravada informando o ocorrido — ela explicou. — Mas daquela vez não havia nada, somente um silêncio total. Foi tão estranho!

Informei-lhe de que provavelmente tinha sido seu filho tentando dar um sinal.

Mas havia mais coisas que eu estava captando. Em seguida, disse a ela que havia uma mulher, alguém não necessariamente próximo à família dela, que morrera bem recentemente.

---

[1] - Serviço telefônico oferecido no Reino Unido que possibilita recuperar a última ligação recebida. (N. do E.)

— Seu filho a ajudou na passagem para o outro lado — eu disse a ela.

— Isso também é incrível! — ela comentou. — Essa pessoa era uma amiga de minha sogra. Eu não a conhecia muito bem, mas fui visitá-la no hospital. Ela morreu poucos dias atrás e na noite passada eu rezei para meu filho e pedi a ele que a ajudasse na passagem para o outro mundo!

Era uma prova considerável, mas pareceu haver algo de errado com a próxima coisa que vi: um filhote de cachorro bonitinho, com orelhas compridas de *spaniel*. Por mais que se esforçasse, o casal não conseguia se lembrar de um cachorro assim na vida do filho. Eu disse a eles para não se preocuparem tentando fazer uma conexão, pois talvez tudo se esclarecesse mais tarde. E foi exatamente o que aconteceu. Um ou dois dias depois, a mulher estava conversando com a irmã de seu marido, que mora na Holanda:

— Oh! — ela exclamou. — Eu estava saindo do cabeleireiro e meu marido disse que tinha acabado de encontrar um cachorro para mim; um pequeno *spaniel* de orelhas compridas!

Nessa minha sessão com o casal, tive uma sensação tão grande da pureza e bondade desse menino que fiquei comovido quase até as lágrimas.

— Eu sinto que seu filho era bom demais para este mundo — comentei. — Ele me diz que sente muita compaixão por todo mundo.

— Ele sempre tentou ajudar as pessoas quando era vivo — eles me contaram.

— Bem, é o que ele está fazendo agora — revelei. — Vejo-o cercado por centenas de crianças. Ele as está ajudando na passagem. É a isso que ele dedica o tempo!

Esse casal nunca se esquecerá do filho maravilhoso que tiveram e eu nunca os esquecerei — uma mãe à beira do suicídio e um pai desesperado, cujas vidas foram tão dramaticamente mudadas pela mensagem que eu tive o privilégio de dar a eles em Leamington Spa.

Michael Lenihan foi um jovem que fez questão de entrar em contato comigo para me dizer o quanto as mensagens que eu dei a ele durante uma sessão em Margate, Kent, mudaram a sua vida. Eu nunca o encontrara antes, e, não fosse pelo fato de ele ter gravado a mensagem, jamais teria me lembrado dela, de modo que sou grato a ele pela precisão do que se segue.

Naquela noite, recebi espiritualmente uma mãe que falecera num hospital cerca de dois anos antes. Eu podia claramente vê-la cercada por pessoas que pareciam ser parentes. "Todos exceto um", disse-me ela, repetindo o número sete várias vezes. Mencionou um bebê que nascera depois de sua morte e comentou que ouvira todo mundo dizendo quanto gostariam que ela estivesse lá para vê-lo. Ela veio dizer através de mim que tinha visto o bebê e estava encantada. Eu também vi outra coisa: uma cruz dourada que ela segurava na mão.

Agora vou deixar Michael continuar a história:

A reunião em volta do leito aconteceu, claro, e de fato havia alguém faltando. Meu irmão, que mora no Canadá, veio para cá quando minha mãe ficou muito doente, mas teve de voltar antes de ela morrer e não pôde ir ao enterro — algo que ele lamenta profundamente. O incrível nisso é que, precisamente na noite em que ela morreu, meu irmão estava assistindo a uma sessão de Gordon em Vancouver — um evento para o qual reservara ingresso antes de mamãe ficar doente.

Quanto ao número sete que mamãe ficava repetindo, tenho seis irmãos e irmãs e fui o sétimo filho que ela teve. Éramos sete em volta da cama antes de ela falecer. O recém-nascido, Joshua, foi batizado em Dublim em 21 de abril de 2007 e sei que mamãe estava lá conosco. A cruz de ouro era de mamãe, e eu sempre ando com ela devidamente guardada em minha carteira. Eu a mostrei a Gordon depois, mas ele não ficou surpreso, claro.

Eu disse a Michael que sua mamãe se orgulhava muito dele e ficara contente pela fotografia que ele tinha dela sorrindo. Então ele comentou:

Sei qual é a foto a que mamãe se referiu. Foi tirada na festa-surpresa de seu aniversário de 70 anos que eu e meu irmão, David, demos para ela. Mamãe está sorrindo nessa foto e David tem uma cópia exposta num lugar de destaque, assim como eu. Toda noite, quando vamos para cama em nossas respectivas casas – ele mora em Dublim –, conversamos com ela e beijamos a foto.

A mãe de Michael também me contou sobre um escritório onde ela olhou por cima de seu ombro enquanto ele trabalhava. Mencionou a baía de Galway, música, um piano, os nomes Ray e Simon, um aniversário dois dias antes e a assinatura de um documento.

Michael:
Eu trabalhei em casa durante sete anos, após transformar a edícula num escritório. Mamãe vinha me ver trabalhando. A baía de Galway traz a lembrança de uma viagem muito feliz. Levei minha irmã mais velha Alice e o marido dela, Pat, e, é claro, mamãe, para ver o campeonato irlandês. Quando voltamos para casa contei a ela que era gay. Foi um momento da minha vida em que me senti vulnerável, mas ela simplesmente me abraçou dizendo que eu era seu filho e que me amava incondicionalmente. Música?

Pensei em David, que é músico, mas ele toca, principalmente, violão. Então lembrei que eu prometera tomar aulas de piano naquele ano. Ray é um amigo íntimo meu. Simon é meu vizinho (a mãe dele estava sentada do meu lado na sessão) e seu aniversário tinha sido dois dias antes. Eu não sabia disso, mas no intervalo Simon virou para mim e disse que estava fazendo o leasing de um carro novo e que assinara o contrato naquele dia. Mais certo impossível, não?

A mãe de Michael era uma senhora que gostava de falar. Seguiu em frente e mencionou Nova York, cavalos, uma pessoa mais jovem chamada Brian e uma tal de Kath, que queria saber por que Michael não estava usando óculos.

Michael:
Sentada à minha esquerda estava minha melhor amiga Jane e à minha direita, meu companheiro Peter. Nós três fomos a Nova York juntos em 1989 e mamãe gostou de ver nossos vídeos e fotos da viagem. Meu primeiro emprego foi num haras irlandês, onde eu cuidava dos potros. Como mamãe bem sabe, os cavalos são meus animais favoritos. Eu não consegui me lembrar de um Brian, mas minha irmã mais velha sabia muito bem do que Gordon estava falando. Kath é uma amiga da família, da Irlanda, que nos recebera na quinta-feira anterior para um jantar irlandês tradicional, onde conversamos sobre mamãe, de modo que com certeza ela estava lá com a gente. Eu uso óculos agora, mas apenas para trabalhar no computador, por isso estava sem eles na sala.

A mãe de Michael falou então sobre um período difícil pelo qual ele passou logo após seu falecimento. Ela o ajudara a superar esse acontecimento difícil e queria que soubesse que sempre estaria com ele.

Mensagens Inspiradoras

Michael:

Eu compreendi imediatamente. Mamãe era minha melhor amiga e houve algumas ocasiões em que desejei me juntar a ela no outro lado. Mas sei que ela está perto de mim e com a ajuda de meu companheiro Peter e meus amigos mais próximos consegui superar essa perda.

Vinte e quatro amigos meus da Wicham Lane Spiritualist Church, no sudeste de Londres, estavam comigo aquela noite na congregação e podem atestar as informações que Gordon me deu. O mais significativo da mensagem para mim foi ter restaurado minha fé na mediunidade, e agora sinto que posso voltar ao trabalho na igreja para ajudar os outros da mesma maneira como Gordon me ajudou.

A mãe de Michael tinha sido a melhor amiga dele, mas imagine o efeito de receber uma mensagem de um parente muito próximo, mas que você não chegou a conhecer bem. Foi o que aconteceu com Moira Collins, também residente em Londres. Ela tinha apenas catorze meses quando o pai, Jack, morreu, de modo que ele era um completo desconhecido para ela. Mas, quando ela veio me procurar e eu entrei em contato com o mundo dos espíritos para ver se havia alguma mensagem para ela, foi Jack quem veio. Eu, é claro, não fazia idéia de quem ela queria ouvir, mas sabia que a perda que a incomodava não era recente.

– Este homem está do outro lado já faz bastante tempo – eu disse a ela. Então ele me deu mais detalhes. – É seu pai – continuei. – Ele morreu jovem e você não chegou a conhecê-lo.

– É verdade – Moira confirmou. – Meu pai, Jack, faleceu quando eu tinha catorze meses. Infelizmente, não tenho nenhuma lembrança dele, mas sempre lhe digo algumas palavras, e quando alguma coisa dá certo na minha vida tenho a convicção de que ele deu uma ajuda.

— Jack me diz: "Sim, eu sei o que está acontecendo. Realmente posso ver as coisas" — contei a Moira. — E ele sabe sobre seus planos para este ano. Espiritualmente, ele está com você. Agora estou recebendo imagens de fotografias que você andou olhando recentemente e vejo que ele era um homem muito bonito. Ele está com a sua avó. Ela morreu depois dele. Está emocionada e diz: "Estarei lá". Um casamento está para acontecer. "Vai ser fabuloso", ela diz. "Farei minha presença manifestar-se."

— Essa é minha vovó Kathleen. Estou tão contente que ela também tenha vindo — disse Moira.

— Vejo mais duas mulheres jovens ao seu lado — disse a ela. — Seu pai está mostrando vocês três vestidas para um casamento. Você também tem um irmão, de quem seu pai se orgulha. Todos vocês estão num momento importante de suas vidas. Alguém está se mudando ou reformando a casa. Este ano a vida será próspera para a família toda.

— Ele está vendo minhas duas irmãs, Gillian e Claire — concluiu Moira —, e elas estão vestidas para um casamento porque as duas se casaram recentemente. Meu irmão Simon acaba de ser promovido e está muito contente por isso. Ele vai ter um filho, um menino, em janeiro; uma surpresa, depois de duas meninas. É minha irmã quem está reformando a casa.

— Seu pai quer falar de sua mãe — continuei. — Reconhece que a vida dela mudou imensamente desde que ele morreu; ela lidou muito bem com isso. Ele quer que você pergunte a sua mãe se fez os exames. Há um aniversário no fim de dezembro. Ele está oferecendo flores.

— Sim, ela fez os exames. Está convalescendo da Síndrome de Ramsey Hunt, um problema auditivo. É bom saber que papai zela por ela. O aniversário de casamento deles seria em 29 de dezembro.

– Há um monte de envelopes para ser preenchidos. Você é uma pessoa que tenta administrar a vida, que planeja as coisas. Tudo estará resolvido por volta de julho. Jack sabe que a data do seu casamento está vinculada a outra data; é por isso que foi escolhida.
– Ele está certo. Escolhemos a data de forma a estarmos em lua-de-mel em nossos aniversários, que acontecem com duas semanas de diferença. Eu nunca imaginei que casar daria tanto trabalho: com certeza há mesmo um monte de envelopes para endereçar!
– E há conexões familiares com Dublim. Posso ouvir pessoas cantando.
– É minha avó que vem de Dublim – disse Moira, afetuosamente.
– E ela adora uma festa. Vou ficar atenta para um eventual sinal dela em meu casamento.
– Estou com uma sensação agradável – fiquei contente em poder dizer a ela. – Você está num bom momento de sua vida. Uma mensagem muito positiva está sendo comunicada.
– É tão reconfortante saber que as pessoas que amamos ainda acompanham nossas vidas e estão orgulhosas de nós – respondeu ela.

Moira foi embora feliz, como muitas das pessoas a quem atendo em meu trabalho, que chegam chorando, sofrendo ou até mesmo com tendências suicidas. Receber mensagens dos espíritos é uma experiência igualmente incrível para mim. É muito emocionante e me sinto elevado. É como desvendar um segredo de algo que foi mantido bem guardado, é como abrir uma caixa e dizer: "Uau, veja só o que tem dentro!"
Sempre tento fazer com que tudo seja bem rápido para que eu

possa me situar na realidade novamente, pois, se tentasse reter tudo o que vejo e ouço do outro mundo, não seria capaz de fazer sessões novas no dia seguinte. Minha cabeça ficaria muito cheia, afinal, sou apenas um mensageiro dos espíritos. "Entregue a mensagem, mas não se demore nela" é o meu *modus operandi*.

Embora o que eu faça seja muito diferente do que, digamos, uma estrela do *rock* faz no palco em frente a uma multidão enorme, eu não seria humano se não ficasse encantado com a demonstração de meu dom. E, como já disse, não sou nenhum santo: quando saio de uma sessão num teatro ou salão após uma noite particularmente bem-sucedida, gosto de sair para tomar um drinque ou ir a uma festa. Isso pode parecer estranho para pessoas que acham difícil compreender a conexão entre a felicidade e falar com os mortos, mas as mensagens de fato trazem uma felicidade enorme para mim, a energia que flui através de meu corpo é incrível – como também é saber que ajudo pessoas que estão sofrendo.

QUANDO ATÉ A ESPERANÇA COMEÇA A DESAPARECER...

Quando alguém me pede ajuda para encontrar uma pessoa amada desaparecida, sempre aviso que se eu conseguir de fato fazer contato significa que essa pessoa está morta, e pergunto: "Você está preparado(a) para isso?"

Foi o que aconteceu no caso de Sally Perrin, em uma sessão particular algum tempo atrás. Ela respondeu que compreendia e que estava preparada para essa triste eventualidade.

Então iniciei a sessão espírita. Um jovem apareceu quase imediatamente. Lembro-me que o descrevi – ele tinha cabelos claros e habitualmente usava óculos, embora não estivesse com eles ao falecer. Sally confirmou que era mesmo essa a aparência dele. Ele me dizia que sua história tinha alguma ligação com o exército, que ele sabia que sua mãe o estivera procurando e que seus restos mortais seriam encontrados num rio, na curva de um rio. Eu podia ouvir a correnteza, achei que fosse perto de uma represa. A senhora pediu que eu perguntasse sobre as circunstâncias de sua morte, e a resposta dele foi que, embora não tivesse sido um assassinato, tudo foi acobertado por pessoas de seu lado que sabiam os detalhes mas não diriam nada a ninguém.

Deixemos Sally continuar a história:

Meu filho Blake desapareceu em 8 de agosto de 2004. Ele tinha acabado de terminar o segundo semestre no Sandhurst Military Training College e estava liderando outros oito rapazes numa expedição de aventura-treinamento do exército. Era um alpinista muito experiente e um líder qualificado; ganhou todos os concursos que se inscreveu. Eles partiram em três carros para a França na sexta-feira, dia de seu aniversário de 25 anos, e pernoitaram naquela

Mensagens Inspiradoras

noite em St. Omer para no dia seguinte prosseguir até Chamonix. Armaram as barracas e alguns deles foram correr numa trilha junto ao rio. Então tomaram cervejas antes de ir para a cidade comer alguma coisa. Entrando em Chamonix, cruzaram um afluente do rio L'Arve, e, como Blake fizera rafting numa estadia de três meses naquele local no ano anterior, advertiu-os sobre quanto o rio era perigoso no verão, quando a correnteza atingia força total devido ao derretimento da neve das montanhas e das geleiras.

Observou que se qualquer um deles entrasse no rio era pouco provável que sobrevivesse, por causa da temperatura extremamente baixa da água — sempre entre três e cinco graus, no verão ou no inverno. Blake era um jovem muito responsável e muito bem informado sobre a região.

Depois do jantar, eles foram a vários bares e terminaram numa casa noturna, da qual ele e outro rapaz saíram por volta das duas e meia, três horas da manhã. Estavam bem alegres, mas não tão bêbados, me garantiram. Voltaram para o acampamento, que estava bem iluminado e sinalizado, mas o que se alega é que Blake achou que aquele não era o acampamento deles e continuou na estrada. O outro rapaz o teria seguido até Blake entrar num jardim, nesse momento, seu companheiro disse: "Ah, eu não vou entrar aí". (Eles estavam bem perto do rio nesse momento, a apenas nove metros de distância.) O outro rapaz continuou pela estrada, esperando que Blake saísse do outro lado, mas ele não apareceu mais. O rapaz acabou voltando para o acampamento e contou aos outros o acontecido; todos disseram: "Não se preocupe, ele vai aparecer pela manhã", de modo que a polícia não foi informada até o meio da tarde de domingo e ninguém me ligou até as oito horas naquela noite.

Minha primeira reação foi pegar um avião imediatamente para lá, o que fiz com meu marido David (o padrasto de Blake), apesar de o exército dizer que não havia necessidade de irmos. Passamos aquela semana toda o procurando com seus primos e alguns de seus amigos mais próximos, às vezes remexendo nos detritos do rio com as mãos nuas. A polícia disse que não podia usar cães para procurá-lo porque caíra uma forte tempestade na noite anterior e não haveria o que farejar. Em todo caso, a opinião geral parecia ser que ele estava bêbado e caíra no rio, e o assunto se encerrava aí no que concernia a eles. Meu filho podia estar um pouco alto, mas seu método de lidar com a bebedeira era deitar-se e dormir até passar. Ele tinha clara consciência de quanto aquele rio era perigoso. Não só dá para ver isso, como também dá para sentir o cheiro e certamente ouvir: é um rio aterrorizante, horrível – eu sei porque meu marido e eu tínhamos estado ali perto três semanas antes e eu chamara a atenção de David para isso, dizendo que me dava arrepios.

Além de procurar nos arredores, imprimimos centenas de cartazes informando o ocorrido e distribuímos por todo o vale de Chamonix, de modo que todo mundo na região estava sabendo do desaparecimento de Blake. Também fizemos apelos pela tevê e nas estações de rádio. Foi só então que a polícia começou a dizer: "Isso é realmente incomum. Normalmente acha-se algum vestígio de pessoas que caem em rios". Então pensamos: "Bom, talvez ele ainda esteja vivo e simplesmente foi parar em algum outro lugar" e entramos em contato com a linha telefônica de auxílio para pessoas desaparecidas. Mais cartazes foram distribuídos pela França, Suíça, Espanha e Itália. Como Chamonix fica perto das fronteiras, nós imprimimos cartões-postais em três línguas e conseguimos que motoristas de caminhões viajando longas distâncias os distribuíssem por toda a Europa. Mandamos e-mails para todo mundo que nós e nossos amigos pudemos lembrar, contatando milhares de pessoas, e até criamos um website.

Já estivemos lá sete vezes e fizemos tudo o que pudemos pensar, inclusive locar uma máquina (chamada side-scan sonar*) que esquadrinha a água e busca através da areia em grandes profundidades (mas que se revelou inútil ali porque a água corre muito rápido) e usar cães farejadores de Haia, especialmente treinados para achar corpos em águas profundas. Então, de repente, a polícia francesa anunciou que tinha* cães desse tipo e nos forneceu dois dos três treinadores e cinco dos sete cães do país por dois dias inteiros, nos quais procuramos do amanhecer ao anoitecer.

Infelizmente, nada adiantou, e foi então que decidimos recorrer ao lado espiritual das coisas. Eu não era espírita, mas sempre tive a mente aberta. Foi quando alguém me recomendou Gordon Smith: "Ele é muito bom", disseram. Fiquei sabendo de uma demonstração que ele ia dar em Bristol e uma amiga e eu viajamos de minha casa, em Shropshire, para vê-lo. Na segunda metade do evento, quando houve uma sessão de perguntas e respostas, pensei: "Agora é a minha chance" e levantei a mão. Quando Gordon me apontou, eu disse:

– O senhor pode me ajudar a encontrar meu filho?

Ele respondeu:

– Bom, este não é o momento ou lugar adequado, mas venha falar comigo depois.

Eu não consegui chegar até ele mais tarde, mas uma senhora da editora Hay House anotou o número do meu telefone e disse que ele iria me ligar. Eu não achei que isso fosse acontecer, mas eis que tanto ela quanto ele logo depois ligaram para mim. Ele disse que me encontraria no hotel London, onde estava hospedado, então eu e minha amiga viajamos até lá para vê-lo e foi simplesmente fantástico. Ele não sabia nada de minha história e foi muito claro ao dizer que não queria saber nada antes da sessão. No entanto, quando Blake apareceu, Gordon me deu todo tipo de informação que não teria como saber, todas certíssimas. Curiosamente, disse que o corpo seria encontrado perto do terceiro aniversário da morte dele e foi exatamente o que aconteceu.

Disse também que o dia seis era importante. Bom, obviamente que era importante, pois era a data da partida de Blake para sua viagem desafortunada, e além disso era o dia de seu aniversário. Gordon disse que ele estava usando um grande blusão estofado, que era o que ele sempre usava quando ia para as montanhas. Falou ainda que o dia treze era um dia de más notícias – foi de fato nesse dia que a busca foi encerrada. Contou também que tudo havia ocorrido perto do aniversário de Blake. Gordon podia ouvir pessoas conversando em volta de Blake num bar ou casa noturna e um novo companheiro que ele mal conhecia estava junto. Descreveu um rio torrencial com margens íngremes dos dois lados, cercado por terras planas e pantanosas e com montanhas ao fundo. Então disse que alguém próximo a Blake sabia a verdade sobre o ocorrido, mas não estava preparado para contá-la. De fato a história fora acobertada. Isso foi o que sempre achamos.

Quando estivemos em mais uma visita à França, graças à notoriedade do caso naquele país, um homem chamado Joseph Dancet entrou em contato conosco para dizer que vira o corpo de Blake no rio dez dias após o desaparecimento, e que havia informado a polícia, embora os policiais não tivessem nos dito nada por cinco meses. Por causa disso, ele achou que a polícia não tinha acreditado nele. Asseguramos-lhe de que nós acreditávamos, e ele então prometeu que juntamente com seu amigo, Claude Antoine, iria fazer de tudo para nos ajudar a encontrar os restos de Blake. Assim, nos oito meses que se seguiram, sempre que podiam eles iam até o rio com ancinhos de formas estranhas para remexer na enorme quantidade de detritos que se depositara nas margens durante a torrente excepcionalmente forte ocorrida no verão em que Blake desapareceu. Estavam convencidos de que o corpo permanecia em algum lugar por ali. Com a ajuda de algumas fotografias aéreas que eu conseguira obter, podíamos ver onde o rio transbordara naquele ano.

No dia anterior à véspera do ano-novo de 2006 aconteceu um fato decisivo. Joseph encontrara um osso, um fêmur humano, exatamente no tipo de região que Gordon descrevera. Exasperantemente, o osso foi encontrado apenas uns poucos metros ao sul do lugar onde todas as nossas buscas tinham encerrado, logo abaixo de uma ponte que denota o começo da torrente onde, segundo a polícia, corpos não ficavam presos! O exame correspondeu ao DNA de Blake, então tivemos a confirmação do que Gordon nos dissera: Blake estava morto e seu corpo estava no rio a cerca de 60 quilômetros ao sul de Chamonix. Enquanto observávamos os mergulhadores da polícia investigando o local em que o osso fora descoberto, eles encontraram mais dois ossos, que agora estão sendo examinados para determinar a causa da morte.

Eu obtive um grande consolo na minha sessão com Gordon. Ele, ou melhor, Blake, nos deu muitas informações corretas. Disse que o corpo seria encontrado perto de onde já tínhamos procurado – infelizmente numa área que não despertara interesse particular na época –, em águas revoltas, perto de uma torrente e de uma represa onde as margens eram altas etc., etc. Foi absolutamente no alvo.

Mas havia mais provas para nos garantir que Gordon estava diretamente em contato com meu filho. Disse que Blake estava mostrando uma fotografia dele fazendo rapel num rochedo de gelo e que eu a tinha perto do meu telefone. Eu acabara de ganhar uma fotografia assim de um de seus amigos, a emoldurara e colocara perto do telefone no dia anterior ao da visita a Gordon.

Ele também disse que estava para sair alguma espécie de relatório oficial "que não vai informá-la absolutamente de nada". Foi o relatório do exército, que certamente ficou à altura da opinião de Blake. Gordon disse que viu um cão perdigueiro sentado ao lado de Blake, um cachorro muito feliz. A descrição correspondia perfeitamente a Star, nossa cachorra que morrera fazia alguns anos. Blake com freqüência a levava para correr. Disse também que uma árvore estava sendo plantada para ele, e de fato seu pai a plantara no jardim. Referiu-se ao esqui cross-country – "especificamente, não esqui de encosta" –, atividade em que Blake era excelente, e disse que o número oito pairava com importância. Bem, foi o dia em que ele faleceu.

Voltando ao incidente propriamente dito, Blake falou que estava andando na escuridão total, em meio a árvores, com grama no chão, e que alguém o acompanhava. Ele não estava usando seus óculos. Subitamente, as coisas saíram de controle, houve um pânico imenso. Ele pôde perceber uma cerca de tela — bem, o jardim onde ele teria desaparecido estava rodeado por uma cerca desse tipo, mas isso apenas nos distraiu. "Seus óculos estão perto da cerca", Gordon disse, mas, apesar de ter remexido na grama e na área em volta até minhas mãos sangrarem, nunca os encontrei. Talvez ainda estejam lá em algum lugar. Segundo Gordon, Blake se fora antes mesmo de o terem colocado na água e ele não tinha consciência de como isso ocorrera. A coisa toda é meio vaga, mas algo aconteceu que não estava planejado.

Gordon disse que ele foi "manipulado. Todo mundo estava com medo da conspiração e tinha ajudado a planejá-la, mas havia uma espécie de código de honra entre os envolvidos." Ele também me disse que um oficial de patente maior sabia do ocorrido.

Então mudou de assunto e disse que Blake estaria conosco na sexta-feira, e todos viajaríamos pelas montanhas do País de Gales naquele dia, das quais ele tanto gostava, até um lugar chamado Abersoch, na costa de Gales.

Ele disse: "Mande lembranças para David", que é o nome de meu marido (ele se dava bem com David), e falou que encontrara seu bisavô, descrito por Gordon como um militar usando medalhas. Bem, meu avô foi um major do exército muito condecorado. Gordon não sabia nada disso.

Ele disse que Blake estava feliz e queria que nós sentíssemos o que ele estava sentindo, em vez de tristeza. E disse que as luzes acendendo e apagando e outras "coisas elétricas" tinham sido obra dele. Bem, tivemos mesmo uns incidentes estranhos dessa espécie, em particular com alarmes. Uma das vezes foi quando desliguei o telefone após conversar com Gordon, depois de um encontro nosso. Foi realmente sobrenatural. Outra vez o alarme ficou tão *ensandecido que tivemos que tirar o fusível, bem no dia em que tínhamos acabado de trazer algumas roupas de Blake da casa do pai dele. Sempre acontece em momentos que eu chamaria de coincidências. Aconteceu logo após meu neto ter nascido, quando fomos para a casa de minha enteada para ver o bebê, e ela disse: "Sal, meu alarme fica disparando sem razão nenhuma, é realmente esquisito". Eu retruquei: "Ah, isso é o Blake aprontando". E, segundo Gordon, é mesmo o Blake, e gostamos disso, pois meu filho sempre teve muito senso de humor.*

Eu nunca acreditei nesse tipo de coisa e meu marido era um cético absoluto, mas agora ele mudou completamente. É simplesmente extraordinário. Afinal, houve tantas provas da parte de Gordon para assegurar que era mesmo Blake vindo para nós... Só para citar mais um exemplo, ele disse que de noite e de manhã Blake me ouve falando com ele, e é verdade. Eu digo "Boa-noite, Blake" e "Bom-dia, Blake", quando passo por seu retrato.

Finalmente, falei a Blake, por meio de Gordon: "Vamos, Blake, precisamos saber quem foi o responsável. Como você acabou indo parar no rio? Vamos, você tem de me dizer."

Gordon respondeu que ele não queria dizer, havia um código de honra e iria implicar outras pessoas e que erros acontecem.

Então Gordon disse que Blake desenhou uma letra enorme, a qual eu acredito ser a inicial do nome do culpado, mas não posso afirmar porque o inquérito ainda está em progresso.

É desnecessário dizer que fiquei encantado ao ajudar Sally. O filho dela foi muito claro e queria encerrar o caso indicando onde seus despojos podiam ser encontrados – e nem sempre é assim, como veremos na próxima história. Ele me deu muitas informações, até mesmo me mostrando passagens de avião – as passagens que sua mãe ia usar para ir aos Estados Unidos. Sally de fato partiria para visitar sua filha mais velha logo depois. Mas a parte mais importante de sua mensagem foi saber que estava feliz e queria falar isso às pessoas que amava para poderem ficar felizes também.

Não me canso de repetir que é maravilhoso lidar com pessoas de luto e vê-las partir com um sorriso estampado no rosto por causa de uma mensagem feliz de um ente querido, como a que Sally recebeu.

Não muito tempo depois de meu encontro com Sally, na congregação da Igreja Espírita de Notting Hill, um homem me pediu: "Um membro de minha família está desaparecido, o senhor poderia nos ajudar?" Mais tarde ele veio ao meu encontro e me deu um pedaço de papel com seu nome – Jonathan Lane – e número de telefone. Infelizmente, descuidado como sou, o perdi, mas Jonathan com certeza é um homem persistente, pois vários meses depois me localizou por meio de meus editores.

Quando se dirigiu a mim na igreja, imediatamente alguma coisa familiar me veio à cabeça. Era tudo muito similar à história de Sally: o parente que Jonathan estava ansioso por localizar também desaparecera na França. Por um momento me perguntei se não seria o mesmo indivíduo. Infelizmente, esta acabou sendo uma história muito diferente...

Assim que Jonathan entrou na sala ficou claro para mim que fazer aquilo, procurar por um médium, definitivamente não era a praia dele. Ele era um financista, sentia-se à vontade com os poderosos corretores dos escritórios decorados em cromo e madeira escurecida nos altos edifícios da City e do Canary Wharf[2], do mesmo modo como um piloto sente-se à vontade com os controles de um avião ou de um carro espor-

---

2 - City e Canary Wharf são centros financeiros de Londres, Inglaterra. (N. do E.)

tivo. E, no entanto, lá estava ele na salinha dos fundos, no andar de cima de uma igreja de Notting Hill, com três mulheres e um médium.

Não que Jonathan tivesse uma visão limitada – crescera na África, conhecia o mundo e sabia que existem coisas estranhas. Ele simplesmente não acreditava nem um pouco no mundo dos espíritos. Só estava ali porque sua mulher, Louise, uma das três mulheres presentes na sala, tinha tentado de tudo por dois anos para ajudar Fiona, outra das mulheres, a encontrar seu filho Christopher, o primo de Jonathan.

Mas as coisas não estavam indo bem na busca por Chris – ou por seu corpo, porque a partir daquele momento era o que todos eles aceitavam ser o mais provável de encontrar. A polícia francesa não mostrara interesse em procurar um inglês vivendo sozinho num *bed & breakfast* em Annecy. Um detetive particular investigara e nada descobrira. Chris simplesmente desaparecera da face da Terra.

De modo que lá estavam eles, em Notting Hill, comigo, um cabeleireiro paranormal.

Peguei a mão de Fiona.

– Estou sendo atraído para a França – disse a ela. – Faz algum sentido?

– Com certeza.

– E estou tendo uma sensação de vôo. Estou olhando para as montanhas e lagos lá embaixo como um abutre pairando no vento. É uma sensação maravilhosa essa de ir cada vez mais alto e ver o mundo lá embaixo!

Quando eu disse isso, a descrença de Jonathan no mundo dos espíritos desapareceu para sempre. – Chris sempre se alçava aos céus de uma forma ou de outra – disse-me depois.

— Ele está me levando para a África — prossegui. — Zimbábue; está dizendo que se tornou um horticultor ou coisa parecida.

— Certíssimo — confirmou Jonathan.

Jonathan e Chris tinham sido razoavelmente próximos. A família de Jonathan morava no Quênia, a de Cristopher no Zimbábue. Chris sempre fora apaixonado por duas coisas: plantar e voar, terra e céu. Fiona, a mãe dele, disse que teria se tornado um piloto comercial se não fosse por sua dislexia aguda. Em vez disso, Chris se tornara piloto particular e um *expert* em pára-quedismo com parapente — "pular de uma montanha segurando um lenço sobre a cabeça", como Jonathan me descreveu rindo.

— Ele fica me dizendo que está voando como um abutre — eu comuniquei a eles, e todos riram.

— Esse é o nome do clube de parapente dele: Os Abutres!

Seguindo a sua outra paixão, Chris se estabelecera como um consultor especializado em rosas, mas, quando ocorreram problemas no Zimbábue, ele perdeu seu negócio e passou um ano viajando pelo mundo à procura de um lugar para começar uma escola de parapente. Acabou ficando na cidade de Annecy, na Savóia francesa. O lago Annecy é transparente — considerado o lago mais limpo da Europa — e a bela cidade se aninha no sopé dos Alpes franceses, perfeitos para a prática de parapente. Lá, Chris se instalou num quarto, em um *bed & breakfast*. Seria seu último lar.

A mulher de Jonathan, Louise, se lembrava de um homem tranqüilo, completamente à vontade com a natureza e tudo o que dela faz parte. Durante um safári da Millenium na África, ocasião em que estava grávida de vários meses, colocava seus dois "anjinhos" na cama quando, para seu horror, uma cobra caiu do teto e desapareceu atrás de uma cômoda. O irmão dela foi incapaz de ajudar, mas chamou Chris, que calmamente catou a cobra de sessenta centímetros, carregou-a para fora da cabana em seus braços e depositou-a sã e salva na margem oposta de um rio ali perto. "Ele estava mais preocupado com a cobra do que comigo!", lembrou Louise.

A última vez que Jonathan e Louise tinham visto Chris fora em 2004, quando receberam uma visita sua e eles passaram um dia idílico nos bosques de Suffolk, local onde Chris sentia-se muito bem. E então, em janeiro de 2005, ele desapareceu.

Os proprietários do B&B de Annecy disseram que houve um jantar certo sábado ao qual Chris comparecera. Na manhã seguinte, um claro domingo de sol, ouviram a porta bater por volta das dez horas. Chris tinha saído, sem levar nada – nem seu equipamento de parapente nem mesmo um casaco. Nunca mais foi visto. Dois anos de buscas infrutíferas se seguiram, levando por fim a baterem em minha porta.

Louise disse sentir que foi o espírito de Chris que os guiou até mim. Com certeza, algumas coisas estranhas tinham acontecido desde que ele desaparecera.

– Ele está me dizendo que você é piloto de aviões – eu disse a Jonathan.

– De fato.

– Mas você quase sofreu um acidente e sentiu, na realidade, que Chris salvou sua família.

A família se entreolhou, pasma.

– Aconteceu isso bem recentemente – disse Jonathan. – Eu estava pilotando um avião leve e o pior aconteceu: olhei da cabine e vi outro avião vindo em minha direção. Então pensei: "Meu Deus, é agora! Vamos colidir!" Mas, de repente, meus controles se viraram e me desviaram do curso de colisão. Todos pensamos imediatamente: "Chris salvou nossas vidas".

Incríveis histórias do outro lado da vida

Outro evento inexplicável aconteceu quando Jonathan e Fiona foram para a França plantar uma árvore em memória de Chris. Fiona lembrava que havia um lugar especial onde ele gostaria de ver uma sorveira, um lugar mágico que ele mostrara a ela uma vez. Ela saberia qual era o local assim que o visse, mas não tinha idéia de onde procurá-lo. Tinham partido para a França com um tempo realmente apertado: nenhuma árvore, nenhum local. No entanto, quando chegaram lá, Fiona descobriu o lugar exato quase imediatamente e ficou sabendo que uma árvore caíra bem ali quatro semanas antes, deixando um buraco pronto para uma nova árvore. E bem perto havia um viveiro com uma sorveira pronta para ser plantada! Os moradores locais disseram, no café da aldeia, que cuidariam da árvore. Uma cerimônia simples foi feita e a árvore foi plantada. Era como se tudo tivesse sido planejado.

Jonathan tinha visitado o B&B, último lar de Chris, e se sentira muito perturbado. Passara a noite no antigo quarto de seu primo, mas não conseguira pregar o olho.

Retomando a sessão espírita de Notting Hill, quando captei a freqüência de Chris o vi junto a um homem que revelou ser o pai dele. As palavras de Chris me deram a certeza de que as esperanças de Fiona e dos Lane de encontrar o corpo dele estavam fadadas ao desapontamento.

O que Chris disse foi: "Sigam em frente com a vida de vocês. Estou feliz com a minha, sigam com a de vocês." Ele me disse que andara circulando, falando com diversos parentes que havia deixado para trás. Concluiu com estas arrepiantes palavras: "O que está feito, está feito! Deixem minha vida em paz! Sigam adiante!"

Jonathan agora aceita que o corpo de Chris nunca será encontrado, mas acha que o espírito do primo quer poupar a mãe dele dos fatos verdadeiros e terríveis referentes à sua morte.

Mensagens Inspiradoras

Eu não pude apaziguar as suspeitas dele. Normalmente, consigo saber quando estou lidando com suicídio – há uma sensação de desespero –, mas eu não senti nada assim quando Chris veio. Porém, tive de fato uma estranha sensação de vertigem, a presença de uma água torrencial caindo.

Para Jonathan, há alguns fatos relativos à última noite e ao último dia de Chris que não fazem sentido. Ele está determinado a não deixar o assunto de lado e entrar em contato de novo com seu primo, talvez em circunstâncias em que Chris sinta que possa falar mais livremente.

Sendo assim, infelizmente esta é uma história triste para a qual ainda falta uma conclusão.

Veracidade dos espíritos

Sei que algumas pessoas me procuram, mas são céticas quanto ao trabalho que realizo, portanto é gratificante vê-las ir embora felizes e satisfeitas depois de entrar em contato com um ente querido, superando suas expectativas mais desesperadas. Em alguns casos, a simples riqueza das informações que posso fornecer – detalhes a que eu não poderia ter nenhum acesso de uma forma convencional – é que as convence da veracidade do mundo dos espíritos.

Um exemplo recente que me vem à memória é o de uma senhora chamada Márcia Donne. Como de costume, nós nunca tínhamos nos encontrado, eu nada sabia sobre ela ou sua história e não conversamos sobre assunto nenhum antes de a sessão iniciar. Expliquei a ela – como faço com todos que me procuram, em particular se é a primeira vez que se encontram com um médium – que, se eu não conseguisse uma conexão, avisaria. O que às vezes acontece, indicando que talvez não seja a hora certa para iniciar uma comunicação.

Para falar a verdade, nunca sei direito o porquê. Mas, se não está funcionando, eu percebo. E, como costumo dizer, a pior hipótese é ter apenas um encontro. Se eu captar alguém, tudo que farei é descrever quem vejo para saber com quem estou falando, então pergunto se há alguma mensagem.

Assim que peguei a mão de Márcia, todavia, captei duas pessoas que estavam muito próximas de nós. Havia uma mulher que se apresentava muito, muito intensamente. Pude até sentir meu corpo ficando cansado.

– Ela me parece ser mãe – eu disse a Márcia. – A sensação é

como se ela quisesse abraçá-la, mostrando que está tudo bem. Sinto que há também um cavalheiro do mundo dos espíritos. Sinto os dois, um junto ao outro. Ele era mais jovem; alguém que viveu algum tempo atrás e morreu muito subitamente. Foi um grande choque para a mulher e todo o resto da família na época. Agora eu sinto os dois de pé, atrás de você. A mulher está cantando "Parabéns a você" e isso quer dizer que está bem próximo de um aniversário. Ela está me dando uma flor e está tentando dizer para você que está bem. Você andou pensando que poderia ter feito mais por ela, mas ela está tentando lhe dizer "não tenha remorsos". Parte de você se sentiu desamparada quando ela ficou doente, mas ela está lhe agradecendo por tudo o que fez e quer que você perceba que foi o suficiente.

Márcia estava emocionada. Ela me disse que viera me ver com a esperança de entrar em contato com sua mãe, que morrera havia quase um ano. Ela tivera um derrame, entrara em coma e perdera o controle da mente. Sobrevivera por um ano, mas nunca mais foi a mesma. Ela estava – exatamente como eu disse a Márcia – muito cansada. E também muito confusa. Márcia passava dias inteiros com ela. Então, quando chegava em casa e falava com ela pelo telefone, ouvia: "Oh, querida, por onde tem andado? Não há vejo há um tempão".

Em conseqüência, Márcia se culpava. Achava que devia ter ficado com a mãe constantemente, mesmo sabendo que tinha sua própria família para cuidar. De modo que ouvir naquele momento a mãe dizer "não tenha remorsos" era inacreditavelmente reconfortante.

Quanto ao "Parabéns a você", o aniversário dela era em 11 de maio – bem perto do dia da sessão comigo – e seus irmãos e amigos sempre lhe enviavam flores na data.

Quanto ao homem mais jovem, Márcia imaginava que devia ser seu pai. Ele morrera num acidente, com apenas 48 anos.

Agora um monte de espíritos estava vindo para Márcia. Ao fechar meus olhos eu pude ver um grupo inteiro deles saindo das sombras. Parecia que toda uma família estava se reunindo em volta dela. Eu disse que sua mãe estava mencionando um irmão. "Conte-lhe que encontrei meu irmão", dizia-me ela.

Márcia me contou que sua mãe tinha sete irmãs e dois irmãos, mas era significativo que ela estivesse dizendo "meu irmão", pois só se referia a um deles, John, daquela maneira; todos os outros ela chamava pelo nome. Ela e John tinham sido extremamente próximos. Eles se divertiam bastante e todo mundo ria muito quando estava ao lado dos dois.

Naquele momento, subitamente comecei a cantar uma música irlandesa.

– Essa é a música que eles cantavam juntos! – Márcia exclamou, entusiasmada.

– E Jan está com ela – disse eu. – Ela está tão cercada de gente que precisa que você saiba disso, e que ninguém poderia ter feito mais por ela do que você fez. Isto é o que está dizendo: "Sem remorsos; não meta nenhuma besteira na sua cabeça". Ela quer também que saiba que foi uma bênção, por fim, partir. Não deseja culpar ninguém; era realmente a hora de partir.

Márcia disse que Jan era a mulher de John – a cunhada de sua mãe. Ela explicou que a mãe ficara profundamente frustrada ao adoecer; não era mais a mesma pessoa. Não se importava mais com a aparência e o fato de Márcia precisar fazer tudo para ela feria o seu orgulho.

– Ah – dizia ela –, nunca poderia imaginar você tendo de fazer isso para mim.

E sua perda de memória era profundamente perturbadora. Era horrendo, um inferno em vida, apesar de ter se recuperado um pouco fisicamente. Márcia tinha conversas bastante lógicas com ela e então tudo se desvanecia. Ela detestava deixar outras pessoas cuidando de sua mãe e achava que devia ter ficado lá o tempo todo. De modo que foi maravilhoso quando ouviu sua mãe dizer que ela não tinha mais de se angustiar com "tudo aquilo".

– Sua mãe estava tão cansada no final – eu disse a ela. – Devem ter sido os medicamentos, porque sinto como se ficasse indo e voltando. Ela se sentia assim e não gostava disso.

Márcia concordou. Sua mãe recebera medicamentos no hospital que a deixavam incrivelmente abatida. Também influenciavam no jeito como ela andava, fazendo-a inclinar para o lado. Ela odiava ter de andar assim. Mas agora tudo era diferente.

– Ela está viva e feliz – fiquei satisfeito de informar a Márcia. – Está dizendo: "Não estou como estava, estou como sempre fui". Acho que ela está com vontade de dançar uma giga irlandesa!

Márcia sorriu ao ouvir isso. Disse-me que, sempre que seu filho Alex visitava sua mãe, ela se punha a dançar em volta dele e os dois começavam a cantar juntos. Ela e seu irmão John sempre foram muito divertidos – realmente uma dupla sem igual. Deixavam todos de bom humor.

– De repente, deixar de ser tão ativa foi um grande choque para ela – observou Márcia –, e saber agora que ela se sente livre é ótimo.

Eu pedia à mãe de Márcia para me dar alguma lembrança e ela mostrou uma fotografia na qual fazia parte de um grupo. Parecia uma foto de casamento e obviamente fora tirada antes que ela ficasse muito doente. Estava sorrindo, era como se dissesse: "Pense em mim desta maneira".

Márcia a reconheceu no ato:

– Foi no casamento do neto dela na Irlanda, em que Alex a levou. É a última fotografia em grupo que tenho dela e, sim, ela está sorrindo.

Eu prossegui:

– "Estou no jardim", ela está dizendo. Estou vendo-a lá. É um belo lugar. Acho que havia um local a que vocês costumavam ir absolutamente lindo, com um jardim encantador. Estou vendo sua mãe andando a seu lado lá.

Márcia confirmou que sempre levava a mãe ao jardim do parque perto de sua casa e elas caminhavam juntas. Desde que a mãe falecera, Márcia tem a sensação da presença dela toda vez que vai àquele parque.

– Ela me deu uns óculos por alguma razão – continuei. – Há também um anel. Ela está com uma aliança de casamento e fica brincando com ela. Tirou-a, agora. Há uma lembrança que ela está tentando passar, não sei se alguém ficou com esse anel ou coisa parecida, mas há definitivamente algo relacionado com o anel de que ela quer que você se lembre. E há também algo relacionado com brincos.

Márcia confirmou que sua mãe usava óculos, mas o anel – a aliança de casamento dela – despertava uma lembrança especial. Ao adoecer, ela emagrecera muito e costumava tirar a aliança do dedo e jogar para cima quando saíam pela porta principal, tendo então de procurá-la. Ela sempre passava horas cuidando da aparência, mas o derrame acabou com sua auto-estima e ela não dava mais a menor importância a isso. Apesar dessa situação, Márcia me disse, ela sempre tentava fazer a mãe ficar bem arrumada como antes do derrame. Sempre estava de brincos, Márcia mesmo os punha, mas ela os tirava, ou tentava os tirar.

Foi curioso, pois a uma certa altura, durante a sessão, me vi puxando minhas orelhas e dizendo: "Ah, tire-os, tire-os".

Márcia ficou estupefata.

Mensagens Inspiradoras

– Era assim mesmo que ela fazia!

– Ela encontrou Michael no mundo dos espíritos – continuei. – Agora estou indo para a Irlanda e é lá que você encontrará Michael. Quero ir a uma região muito bonita da Irlanda. Alguém esteve em Galway ou algum lugar parecido, porque posso ver uma bela paisagem marinha. Porém, não moram lá, só foram até lá. E há fotos, imagens da baía de Galway. Mas também tenho de ir a Dublim, pois há uma forte conexão com alguém de lá. O que me percorre o corpo é só uma agradável sensação de felicidade. Ela é uma mulher gentil, do tipo que não se importa em ajudar os outros. E há também uma enfermeira. Faz algum sentido?

Márcia me disse que Michael era seu tio, o outro irmão de sua mãe. Mary, a irmã de sua mãe, também se casara com um Michael, de modo que essa era a conexão. Quanto à Irlanda, sua mãe era de Dublim e seu pai nascera em Galway.

– O que me vem é essa agradável sensação de felicidade – eu repeti. – Sinto como se ela quisesse que você também estivesse feliz. É como se dissesse: "Você fez tanto por outras pessoas, por que agora não está fazendo mais por si mesma permitindo-se ficar contente? É isso que você precisa fazer".

Márcia disse que tinha sido assistente social em toda a sua vida de casada e que agora estava pronta para se aposentar.

– Há algo relacionado a um aniversário talvez – eu disse a ela. – Sua mãe está sendo agraciada por uma única rosa, apenas uma rosa vermelha de cabo comprido, não um enorme buquê, só uma rosa.

Márcia disse que no aniversário da morte de sua mãe ela colocara uma rosa vermelha solitária junto à foto dela, em sua homenagem.

Tantas situações vieram naquela sessão com Márcia que, para ela, foi difícil assimilar tudo de imediato, mas quando chegou em casa as coisas começaram a fazer sentido. Percebeu que sua mãe realmente não queria mais vê-la se torturando por causa de sua morte; desejava que soubesse como se sentia nos meses que precederam o falecimento. A mãe tinha consciência de que Márcia havia feito coisas muito boas para ela e queria que a filha seguisse em frente, voltasse a ser feliz.

Ficou claro para Márcia que todas as informações que vieram só podiam ter partido de sua mãe. Melhor ainda, significava que sua mãe voltara a se lembrar de tudo – pois no final da vida ela tinha dificuldades de se lembrar da própria família, algo que incomodava muito Márcia.

E também animou-a saber que a mãe estava realmente preocupada com ela e com a culpa que estava sentindo. Ficou estupefata ao perceber que a mãe sabia tanto sobre os acontecimentos familiares desde que falecera. Foi isso que de fato mudou sua maneira de pensar a vida após a morte e a tirou da depressão. Ela sabia que podia tocar a própria vida, segura por ter certeza de que sua amada mãe estava bem do outro lado.

Embora tenha chegado para a sessão com algum ceticismo, Márcia não teve como negar que as informações obtidas eram muito específicas e altamente detalhadas – mais detalhadas do que ela esperava. O alívio que vivenciou também foi completamente inesperado. Algumas semanas depois, em uma carta endereçada a mim, concluiu que a mensagem de sua mãe tinha claramente mudado sua vida.

Vejo muitas pessoas pensarem que minha sessão mediúnica não fará tanta diferença no modo como se sentem. Minha maior alegria é saber depois que elas viraram a página de seu luto e começaram a viver de novo.

Superando barreiras de idioma

Viajar para outros países para fazer o que eu faço é sempre uma espécie de desafio – em particular nos países em que o inglês não é o idioma nacional. Em minha recente visita à Grécia aconteceu um caso assim – uma estadia de cinco dias, fico contente em dizer, repleta de demonstrações muito bem-sucedidas, apesar do fato de eu ter de trabalhar com um intérprete.

Numa entrevista coletiva em Thessaloniki, tive uma interessante conversa com os jornalistas, que lotaram uma sala de tamanho médio no hotel Elektra Palace. As perguntas eram ponderadas e em nenhum momento resvalaram no cinismo. Perguntaram-me por que eu era uma pessoa tão feliz, e eu disse que, quando você se dá conta de que não há nada parecido com a morte, não há nenhuma razão para sentir-se infeliz. Como eu me mantenho tão equilibrado? Se você saiu da cama como eu, todos os dias, durante 23 anos, para ir trabalhar como cabeleireiro, isso o mantém centrado. Por que deixei de ser cabeleireiro? Filas de gente em frente ao meu local de trabalho em Glasgow – que já estava cheio de pessoas que não precisavam de um corte de cabelo – me fizeram perceber que devotar minha vida à mediunidade era o caminho a seguir. Uma senhora quis saber se eu usei meu dom para ganhar dinheiro. Fiquei agradecido pela questão, pois me deu a oportunidade de explicar que nunca cobro pelas sessões. Como eu poderia estabelecer o preço de pôr uma mãe de luto em contato com o filho?

– Ganho minha vida – eu disse – escrevendo livros e sou pago pelos meus editores pelas demonstrações que faço em teatros.

E assim foi. Eu disse ao distinto corpo de interrogadores que toda a base de meu trabalho era fornecer provas de que as pessoas que vinham a mim do mundo dos espíritos eram realmente quem diziam que eram, pois forneciam informações precisas como nomes, datas, detalhes de como tinham morrido e do que haviam deixado.

Ao entrevistador, que quis saber quão envolvido eu ficava com o processo de luto das pessoas que me procuravam, disse que aprendi com a experiência (e alguns firmes conselhos de Albert Best, médium bastante respeitado) a manter distanciamento, afinal não estaria ajudando se chorasse junto. Também tive de aprender a viver do modo mais normal possível quando não estou trabalhando: se eu fosse médium 24 horas por dia e constantemente ouvisse vozes do outro lado, acabaria num hospício.

Dei detalhes sobre os testes científicos que fiz com o professor Archie Roy, da Universidade de Glasgow, entre outros. Esses testes me deram provas da exatidão das informações obtidas em leituras de pessoas que não estavam sequer no mesmo prédio, para as quais disse nomes e circunstâncias pessoais mesmo tendo recebido apenas o número da cadeira que ocupavam numa sala distante.

Se preciso de fotografias dos falecidos ou itens que pertenceram a eles? Não, e, embora seja o caso de alguns médiuns, eu nem mesmo preciso de muito contato físico com a pessoa que estou ajudando, fora talvez segurar sua mão para reconfortá-la.

Se sempre consigo fazer contato com os espíritos aguardados pelas pessoas que vêm me ver? Não, de novo. Os espíritos vêm apenas para aqueles que consideram estar preparados. Não adiantaria alguém ir ver um médium todos os dias se não estiver preparado para receber uma mensagem; o espírito não a enviaria. Durante uma demonstração, sou atraído pelas pessoas preparadas para receber as mensagens. Além disso, a força e evidência de qualquer mensagem depende de quão bom comunicador o espírito é. Alguns são capazes de passar informações altamente detalhadas, com muita clareza, enquanto outros têm maior dificuldade em fazê-lo. Eu sou apenas o mensageiro, passo adiante o que recebo.

Para um repórter que desejou saber como eu era capaz de me comunicar com o espírito de alguém que nunca falara inglês, expliquei que a comunicação podia vir de muitas formas. Às vezes as mensagens eram faladas, às vezes eu via imagens e outras sentia sensações que aprendi a interpretar com os anos. Todos os médiuns trabalham muito com o sexto sentido.

Algumas vezes, porém, uma pessoa fala outro idioma e emite alguns sons que eu passo adiante com palavras. Certa vez, na Itália, um rapaz disse duas ou três palavras que para mim não significavam nada, mas mesmo assim passei-as para a mãe dele. O intérprete ficou extremamente chocado e disse: "Você percebe que acabou de insultar essa mulher da forma mais grosseira possível?" Todavia, a mãe deixou claro que se tratava das últimas palavras que seu filho dissera durante uma séria discussão em que ela tentara impedi-lo de se encontrar com a mulher que mais tarde o assassinaria. Eu simplesmente falo o que chega à minha mente.

De volta à Grécia, expliquei quanto era injusto as pessoas acusarem médiuns como eu de ocultistas invocadores do diabo. Nós trabalhamos para Deus. E trabalhamos muito, dando duro para disciplinar nossas mentes e aperfeiçoar nossas habilidades. Somos também auxiliados por espíritos que consideramos nossos guardiões, nossos "guias espirituais", como são comumente chamados. São seres altamente evoluídos, angélicos e muito puros e, quando pessoas como eu se conectam com eles, trazem sua luz pura para iluminar a vida das pessoas. É algo muito belo.

Eu disse aos jornalistas que ajudo as pessoas a se curar e que, com meu trabalho de caridade, levanto dinheiro para curar outras. Era importante deixar claro esse aspecto, pois há muitos conceitos equívocos sobre a mediunidade, como também há sobre a vida após a morte.

— A nossa força vital — disse a outro jornalista — é o que continua após a morte do corpo. Para onde ela vai em seguida é um lugar bem mais livre e positivo. A Terra é o pior lugar para um espírito viver e não é algo fácil voltar a esta atmosfera densa, pesada.

Um outro quis saber sobre reencarnação e, como sempre faço quando me perguntam sobre esse assunto, referi-me ao budismo. Os budistas são *experts* em reencarnação. Para eles trata-se simplesmente de uma verdade, não uma questão especulativa. No Ocidente a reencarnação é com freqüência vista como algo assustador por causa da crença de eliminar a personalidade individual. As pessoas acham que será o fim delas, que serão outras pessoas. Mas pergunte ao Dalai Lama, que reencarnou 16 vezes — todas elas como o Dalai Lama. E os budistas lhe dirão que é o mais altruísta dos atos continuar retornando a este mundo quando se chegou ao nível de desenvolvimento que ele chegou, em que poderia facilmente evoluir na vida após a morte.

Também com freqüência me perguntam se vamos, ou corremos o risco de ir, para o purgatório quando morremos. Não, o purgatório é aqui na Terra. E felizmente todos nós a deixamos algum dia.

○────○

Numa das demonstrações que fiz houve uma mensagem particularmente feliz para uma dona de casa de Atenas que perdera o marido. Ela chorou quando lhe transmiti o amor dele e passei algumas palavras doces para seus filhos. E então ficou quase histérica quando seu marido me mostrou um relógio dele, o mesmo que ela estava usando. Esse espírito pode ter feito sua viúva chorar, mas me fizera rir com algumas das coisas que dissera, e, no entanto, minutos depois tive de conter uma lágrima. Foi quando ele disse quão orgulhoso estava pela maneira como ela lidara com as coisas desde seu falecimento. Quando mencionou uma "árvore especial", ela logo soube que se referia a uma árvore que plantara em sua memória.

A irmã de outra mulher veio para falar sobre um anel que ela perdera, dizendo exatamente onde encontrá-lo. Gosto de passar mensagens práticas como essa – são úteis, além de consoladoras.

E então houve outra viúva em prantos, Marie, cujo marido morrera de uma doença no estômago – eu sabia, porque, como com freqüência ocorre, tive uma dor de estômago terrível ao receber sua mensagem. Ele me fez saber que perdera muito peso antes de morrer e eu podia sentir sua dor.

E assim por diante. Houve um espírito feminino que sabia que o homem que viera para receber sua mensagem usava a sua bengala ("Sim, estou. Estou com a bengala dela aqui e agora", traduziu-me o intérprete). Houve ainda uma mulher com um bebê nos braços que não vivera muito, mas que agora sentia-se segura e feliz, e um jovem espírito amante de música, que me fez sentir-me realmente cansado e esgotado para mostrar que falecera devido ao abuso de drogas, embora estivesse ansioso para deixar claro que não tivera a intenção de se matar.

De novo as mensagens concluíam, como em geral o fazem, com um: "Deixe de chorar, toque sua vida e seja feliz, porque eu estou feliz". Essa é a mensagem que tão freqüentemente muda a vida das pessoas.

Haviam me advertido de que haveria oposição de círculos religiosos durante minha estadia na Grécia, mas o que aconteceu foi exatamente o contrário. Quando eu me dirigia para o aeroporto de Atenas para pegar o avião de volta a Londres, minha editora grega,

Emmanuela Nikolaidou, recebeu uma ligação em seu celular. Ficou nitidamente surpresa quando veio a identificação, mas me passou o telefone e apenas disse: "É para você, Gordon".

A voz do outro lado da linha era a de um homem culto: "Sr. Smith, eu acompanhei com grande interesse o que esteve fazendo em nosso país. Apóio sinceramente o seu trabalho. Espero que retorne como nosso convidado e ficaríamos muito gratos se concordasse em ver algumas pessoas que recentemente sofreram uma perda trágica. Tenho certeza de que o senhor poderia ajudá-las".

Esse culto senhor estava ligado à Igreja Ortodoxa grega e, no entanto, se dera ao trabalho de me localizar e falar comigo ao telefone. Fiquei muito satisfeito com seu apoio.

Voltei da Grécia em êxtase com a simpática acolhida que tive, mas exausto devido aos intensos e tumultuados acontecimentos daqueles cinco dias, em particular os fatigantes programas ao vivo de tevê aos quais tive de me submeter para poder ganhar meu direito de passagem no país.

Na manhã seguinte ao meu retorno soube que teria de fazer três sessões para algumas pessoas em luto profundo.

A primeira era com uma mulher de cerca de quarenta anos, acompanhada pelo marido. Pela intensidade de seu luto, pensava que ela perdera o marido, ou um filho, mas pude sentir apenas sua avó em torno dela. Por sorte, depois que eu disse a ela que sua avó estava feliz no próximo mundo, ela disse ser a única pessoa que perdera e sobre a qual queria ter notícias.

— Sua avó está me dizendo que você está com o anel de noivado dela – disse eu.

A mulher, chorando, suavemente, abriu os botões de cima de seu vestido e mostrou uma corrente de ouro, na qual estava pendurado o anel.

Seu marido ficou visivelmente encantado e confirmou tudo o que falei. Disse-me depois que sua mulher ficara "muito reconfortada" com a experiência.

Em seguida, foi a vez de uma das mensagens mais detalhadas que recebi em muito tempo. Era para um casal que estava sentado à minha frente, nitidamente perturbado, mas sem nada dizer.

— Vocês perderam um filho — eu disse — e ele está aqui conosco. Ele me diz que se chama Luke.

De novo me vi ante o som mais do que familiar de uma mulher soluçando, enquanto assentia.

"Ó, Deus", pensei, "um menino morreu", e rezei silenciosamente pedindo a ajuda de meu velho amigo Albert Best, que era sempre particularmente bom em assuntos envolvendo crianças.

— Luke está me dizendo que vocês tinham acabado de comprar uma bicicleta de presente para ele em seu aniversário de quinze anos, e, quando ele saiu com ela na rua, uma *van* o atropelou, matando-o. Além de me dizer o nome "Luke", ele está chamando por "Sam" e me mostrando gêmeos. Por que ele está me mostrando gêmeos?

A mulher ficou surpresa. As circunstâncias da morte estavam corretas, o nome dela era Sam e o pai dele era gêmeo, contou-me ela.

Luke mandou lembranças para seu irmão menor e muito amor para Max, seu gato de estimação. Partiu com uma mensagem desalentadora: "Vocês não terão justiça para esse acidente, receio. Alguém vai ficar impune".

No fim da sessão, o casal me contou que o motorista da *van* não seria processado, eles haviam perdido a causa.

A terceira sessão foi com uma mulher de cerca de cinqüenta anos cujo marido veio e me disse que morrera recentemente de um ataque cardíaco. Esse espírito também forneceu provas realmente boas.

– Ele diz que está contente com o que você está fazendo com a casa – contei à mulher – e que o bangalô será ótimo para você.

O filho dela depois me disse que estavam vendendo a casa deles para comprar um bangalô, ou seja, uma casa de campo avarandada. Ela ficou deliciada quando eu disse que seu marido estava me contando que se encontrara com o pai dela, o "Velho Jack". Era assim que todos o chamavam.

Tendo terminado uma boa manhã de trabalho, fui para casa dormir e descansar daquilo tudo. Colocar pessoas novamente em contato com aqueles que faleceram pode ser uma tarefa exaustiva, mas, a julgar pelos seus sorrisos quando vão embora, vale muito a pena.

Ver para crer

Minha mediunidade, meu dom, começou quando eu era criança. Desde então venho tendo incríveis experiências paranormais. Todavia, houve muitos momentos durante meu desenvolvimento paranormal em que tive dúvidas quanto ao que estava fazendo. Numa dessas ocasiões, lembro-me de ter dito ao mundo dos espíritos: "Eu não quero fazer isso, realmente não quero. Vocês terão de provar que existem, sem me deixar com dúvidas, se quiserem que eu continue". Naquela noite, estive num palco dando mensagens para as pessoas. Os espíritos vieram até mim e passaram as mais incríveis informações para pessoas que estavam sofrendo muito, e eu pude ver como aquilo mudou a vida delas. A minha vida também mudou – eu tinha de prosseguir.

Mais tarde, como já mencionei, participei de alguns testes científicos conduzidos pela Universidade de Glasgow. Em alguns deles eu não podia nem mesmo ver a platéia. Os resultados foram noventa por cento corretos, mesmo quando não pude ver as pessoas a quem passava as informações ou ouvir suas respostas ao que eu dizia. Isso me deu uma certeza muito maior – confiança talvez seja a palavra mais adequada – em relação ao meu trabalho. Agora sei que meu dom é verdadeiro, pois foi devidamente provado. O importante para mim é ajudar pessoas que estão sofrendo pela perda de alguém que amavam.

O meu trabalho não tem muita ligação com fenômenos psíquicos, mas com a cura. Os espíritos fazem as coisas acontecer para obter atenção. Quando conseguem, o objetivo, em geral, é nos dar uma mensagem positiva, que inclui assegurar que não estão sofrendo, estão livres e curados num lugar melhor do que o nosso. Se ao menos todos nós soubéssemos disso, seria de grande auxílio no processo de luto. É natural ficarmos tristes quando perdemos alguém, afinal sentiremos a ausência. Do outro lado, porém, há uma grande comemoração quando os espíritos chegam "em casa"; todos ficam encantados por revê-los. Quando partimos de nosso corpo físico, a primeira coisa que acontece é sermos acolhidos por nossos entes queridos que já se encontram no mundo dos espíritos. Então nos ajustamos de novo a nossas formas espirituais, pois era o estado em que nos encontrávamos antes de virmos ao mundo. Você nunca se perguntou por que os bebês choram quando chegam a este mundo? A experiência terrestre é um dos estados mais difíceis que temos de atravessar. Quando as pessoas falam comigo sobre céu e inferno, digo que há apenas um único lugar onde ambos podem ser vivenciados (em especial o inferno!). E esse lugar é aqui, na nossa vida humana.

Algumas pessoas vivenciam o inferno quando passam por uma separação ou um divórcio. Outras, ao tentar se livrar das drogas, do álcool ou de algum outro vício. Mas todas essas coisas se relacionam apenas à nossa vida humana. Como seres espirituais, ficamos livres dessas dores físicas e emocionais. O triste é que com muita freqüência acreditamos ser nossa existência humana tudo o que há. Se ao menos percebêssemos quanto é minúscula nossa existência física quando comparada com nossa existência espiritual, ficaríamos menos inclinados a temer por esta vida. É a palavrinha "medo" que causa todo o nosso inferno. Mais pessoas ficam doentes de câncer ou outras doenças por sentir medo do que por qualquer outra coisa. Um amigo meu que fumava ouviu de seu guia espiritual: "Se você insiste em fumar, não se preocupe. A preocupação o matará mais rápido do que fumar".

Parte de meu trabalho é ensinar as pessoas que elas não podem desejar morrer. Como com freqüência digo, não podemos morrer pela nossa vida. Quando deixamos este mundo, todos aqueles com quem nos relacionamos e amamos ainda estarão conectados a nós. Na realidade, nunca perdemos nada ou ninguém que amamos. Não importa se é um amante, um filho, uma mãe, um cachorro ou um bebê natimorto. Se ainda sentimos amor por eles, manteremos a conexão. Saber disso acaba com o medo da vida – e da morte. Não tenho absolutamente nenhum medo da morte e não ter medo da morte significa automaticamente que você tampouco tem medo da vida.

Você não imagina a recompensa que essa sensação me traz; qualquer dinheiro ou posses jamais poderiam trazer satisfação à altura. Compreendo que tudo acontece porque deve acontecer. Com freqüência levamos para o lado pessoal as coisas ruins que acontecem na vida dizendo que alguém é culpado por elas. E, no entanto, são apenas coisas já supostas para acontecer. São oportunidades para aprendermos. Algumas pessoas pensam que ter um filho com alguma deficiência de nascença é uma espécie de punição divina. Não encaram o fato do ponto de vista de estar recebendo uma chance de amar alguém de um jeito especial. As pessoas culpam Deus, mas Deus nos dá oportunidades, não punições. Receio que sejam as próprias pessoas que fazem o estrago, pois neste estado humano às vezes nos comportamos muito mal. Mas é mais fácil culpar Deus do que assumir a responsabilidade pelas próprias ações.

Precisamos aprender que culpar, lutar e agir de maneira negativa apenas trará mais culpa, mais luta e mais negatividade. E para quê? É tudo uma questão de cobiça e materialismo, só isso. Por alguma estranha razão, a maioria de nós quer viver neste planeta o máximo que puder e obter dele o máximo que conseguir. Porém, quão tolo esse pensamento fica quando percebemos que o mundo em que vivemos é o mais baixo avatar do espírito humano e que, ao ferir alguém, estamos ferindo a nós mesmos. Ao tirar de alguém algo que não é seu, você está realmente tirando algo de você mesmo. Há uma lei divina chamada *karma*, palavra que significa apenas "ação", de modo que toda ação pessoal tem um efeito.

Se as suas ações tiverem intenção de prejudicar alguém, esse prejuízo retornará a você de alguma forma. Se, todavia, você ajuda as pessoas e as ama, a mesma ajuda e amor doados retornarão a você. É um dos ensinamentos do mundo: amem um aos outros.

Você pode se perguntar que relação isso tem com a vida após a morte. Mas toda a vida está conectada. Esta vida e a próxima na verdade são a mesma vida; uma é apenas extensão da outra. Assim, ao aprender nesta vida estamos nos preparando para a que virá.

Saber que a vida continua imediatamente nos conecta às pessoas que perdemos, porque elas também ainda estão vivas. A única coisa que nos impede de chegar até elas ou vê-las é o fato de se encontrarem num estado muito mais sutil de vibração.

Quando meus professores – espíritos começaram a me ensinar sobre energia vibracional, a princípio não entendi o que queriam dizer. Então me mostraram que nossos corpos físicos vibram numa freqüência lenta. Pense no pulso de seu coração por um momento. O mundo dos espíritos, todavia, vibra numa freqüência tão alta que nem podemos percebê-la. Para começar a perceber, precisamos nos encontrar num estado mental em que nossos corações batam mais rápido – extremamente ansioso, por exemplo. É por isso que muitas pessoas têm experiências paranormais quando estão ansiosas. Mas isso não quer dizer que eu esteja propondo a ansiedade como um método de entrar em contato com entes queridos que estão do outro lado.

Estou dizendo que será difícil sentir nossos entes queridos porque nossa freqüência de vibração não é rápida o suficiente, e eles podem ter dificuldades para reduzi-la até ficar no mesmo patamar que nós.

Médiuns como eu possibilitam que os espíritos entrem em contato transformando a energia de alta para baixa freqüência. De certo modo, não é diferente do funcionamento de um rádio. Há ondas sonoras que não conseguimos captar através da audição, portanto precisamos de algum tipo de receptor para ajustar a vibração e trazê-la para o nosso nível. Os médiuns são como aparelhos de rádio.

Haverá momentos em sua vida, entretanto, que as pessoas amadas conseguirão vir a você diretamente. Certas pessoas sonham com pessoas que morreram. Outras sentem que estão sendo observadas. Todos temos um sexto sentido. Não é preciso ser um médium para empregá-lo. É esse instinto, a sensação de saber alguma coisa que não temos como ou por que saber, que usamos para captar coisas dessa forma. Todos temos esse poder interior, mas o problema é que não o utilizamos com freqüência, em geral porque nos sentimos ridículos e nossa mente racional o descarta. Mas posso garantir que esse instinto interior é algo que cada vez mais pessoas estão desenvolvendo.

Depois que expus essas idéias para uma platéia de "pensadores" na Grécia, fiquei à disposição para questões sobre qualquer aspecto. Um homem me perguntou sobre profecias que tinham sido feitas no passado, em particular sobre a "Idade de Ouro" que fora prometida, uma época de paz e compreensão. "Quando isso vai acontecer?" Eu disse que muitos consideravam já haver começado. A profecia afirmava que viria após tempos turbulentos de guerra e desastres naturais; com certeza tivemos ambos em abundância. Mas preciso fazer a observação de que idades de ouro e épocas de paz e compreensão não pertencem ao mundo físico – ele não comporta esse tipo de dimensão. Por meio de todas as coisas difíceis pelas quais passamos aqui começamos a nos iluminar e nos preparar para uma idade de ouro no próximo mundo. O que acontece aqui é apenas uma pequena parte da evolução espiritual, uma etapa preparatória. Mas aprendemos através das lutas presentes nesta vida e levamos esse conhecimento conosco quando voltamos para nosso verdadeiro lar.

Uma mulher então me perguntou como seria a vida no próximo mundo para alguém que nasceu aqui com uma deficiência mental. Expliquei que tal deficiência não o acompanharia no próximo mundo. É algo que se refere à consciência, e a melhor maneira de explicar é pedir que você imagine um diamante bruto, uma gema não-lapidada, da qual espera fazer a mais bela pedra transparente multifacetada. A consciência é algo assim, a cada experiência física experimentada lapidamos essa pedra bruta, levando-a cada vez mais em direção à perfeição. E para fazer isso, para sermos iluminados, precisamos vivenciar todo tipo de experiência. De modo que uma pessoa com um distúrbio mental – seja homem, mulher ou criança – teria escolhido essa deficiência para vivenciá-la e aprender com a experiência. Diversas culturas tratam essas pessoas como muito especiais por causa do fardo que escolheram carregar aqui.

Em seguida me perguntaram o que acontece com as pessoas que são "más" nesta vida. Respondi que depende do que você considera como uma pessoa boa ou má. Quem sabe o que realmente há dentro delas, quão puras realmente são? Você pode estar se referindo a uma pessoa bastante pura, mas que acabou de fazer algo mau. E, em última instância, o juiz dessa pessoa será ela mesma. Considere, por exemplo, uma pessoa que matou alguém. Quando ela for para o mundo dos espíritos verá como isso afetou muitas pessoas – mãe, pai, companheiro(a), amigos da vítima e até mesmo quem achou o corpo. Será um peso na consciência, mas não terá sido a única coisa feita em vida, de modo que será uma questão de considerar toda a vida e avaliá-la.

Para uma senhora que perguntou como ela podia se conectar com o mundo dos espíritos, eu disse que todos podemos nos conectar, uma vez que nos reconheçamos como espíritos dentro de corpos físicos. No momento em que assumimos tal consciência, fazemos a conexão. Neste mundo com freqüência usamos a linguagem para mentir uns aos outros. No mundo dos espíritos não podemos agir assim. É um mundo tão sem complicações que, quanto mais nos aproximamos dele, menos complicados nos tornamos e mais fácil torna-se a conexão.

A maioria das perguntas feitas naquele dia relacionava-se com a espiritualidade. Descobri que a espiritualidade se desenvolve a partir da compaixão. E desta vem a sabedoria. Precisamos dessas duas virtudes para desenvolver a espiritualidade em vida. E, quanto mais nos desenvolvemos espiritualmente, mais abertos nos tornamos e mais coisas "paranormais" simplesmente acontecem, com naturalidade. Muitas pessoas supõem que é necessário realizar complicados rituais ou práticas para desenvolver a espiritualidade, mas não é o caso.

Espero que as pessoas estejam agora começando a acordar, que seus espíritos estejam despertando, porque apenas quando pensarem espiritualmente é que poderão de fato trazer de volta algum tipo de ordem a este mundo. Espero que as mensagens que trago para as pessoas as ensine não somente sobre seus parentes, mas que a vida após a morte está aberta para todos – mesmo àqueles que não crêem, pois a crença também pertence a este mundo.

Qualquer que seja sua crença, sua força vital irá para algum lugar. Sua consciência já viaja para fora do corpo quando você dorme. Se ao menos você entendesse o que faz – e quero dizer espiritualmente

– quando dorme, entenderia que vai "para casa" todas as noites.

Assim, quando estiver achando difícil lidar com certas coisas, apenas lembre-se de que há muito mais na vida do que o "aqui e agora" e que tudo acontece porque deve acontecer. A vida é uma grande oportunidade.

Aceite o amor...

A mediunidade me faz viajar pelo mundo bem mais do que quando eu era cabeleireiro. É difícil imaginar dois lugares menos parecidos do que Atenas e Llandudno, mas duas semanas depois de minha extraordinária odisséia grega eu estava sentado num jardim encantador, no campo, tomando chá com amigos a oito quilômetros desse charmoso balneário no País de Gales.

Llandudno é um balneário vitoriano à beira-mar perfeitamente conservado em uma espetacular baía em forma de meia-lua. Munido de uma casquinha de sorvete, fui ao píer assistir ao tradicional espetáculo de Punch & Judy. Ao ver Mr. Punch grunhir mensagens pouco inteligíveis para a platéia fascinada, completamente solitário em seu palquinho, pensei: "Esse sou eu hoje à noite!"

Eu iria me apresentar num belo hotel, uma casa de campo a apenas oito quilômetros do mar, e passei a tarde ensolarada anterior ao evento relaxando no jardim particular de meu quarto.

Com freqüência me perguntam como me preparo para um evento. Se há algum tipo de rotina, de exercícios físicos ou mentais, uma espécie de "aquecimento psíquico" a que me dedico para me preparar para os rigores de uma sessão de três horas diante de uma platéia (levando em consideração a expectativa dessa platéia por uma noite de mediunidade para a qual cederam seu tempo e pagaram o ingresso). A verdade é que não faço nem quero fazer uma preparação desse tipo. Se eu ficasse pensando em como seria minha noite, acabaria tendo um colapso! Imagine só: três horas sozinho no palco em frente a cerca de mil pessoas sem possuir um roteiro e sem a menor noção do que vai – se é que vai – acontecer...

Mensagens Inspiradoras

Todo evento é absolutamente único e eu realmente não sei o que vai acontecer, muito menos a platéia. É um verdadeiro ato de fé e lido com isso sem pensar no assunto até chegar a hora de ir para o palco. Apenas relaxo e tento garantir que estou descansado, bem-disposto e pronto para o que for que o destino me reservar. Afinal, meu nome pode estar no cartaz, mas o show não é *meu*. A palavra "médium" vem da mesma raiz de *media* (mídia) portanto sou um mensageiro, um portador de mensagens.

Em Llandudno, cheguei ao novo e elegante teatro à beira-mar, o Venue Cymru, meia hora antes do início do evento. A platéia já estava enchendo o auditório – mais de mil pessoas de todas as idades. Observei que havia um pouco mais de mulheres que de homens, mas nada muito desigual.

Após os dramas da Grécia, foi maravilhoso ter uma noite divertida na costa de Gales. Sim, sei que estávamos lidando com espíritos de pessoas que partiram e deixaram para trás aquela platéia lotada de parentes e amigos de luto. Mas, naquela noite, eram em sua maioria espíritos felizes – embora nos primeiros minutos tenham parecido um tanto tímidos e eu tenha tido de ficar conversando um pouco "no escuro", antes de algum deles se apresentar. Quando veio o primeiro, era um fulano que garantiu a todos nós muitas risadas. Ele falecera um tanto inesperadamente, deixando para trás um monte de assuntos inacabados, mas falou sobre o encontro com sua mãe no outro lado, o iminente aniversário de sua filha e um tal de Mick que estaria no *pub*. Ele indicou-me sua mulher e deu a ela provas de sobra de que estava presente, gabando-se de sua boa aparência terrestre e de seus belos cabelos negros que sempre foram seu orgulho e alegria. Quando eu lhe disse que alguns documentos que ela teria de assinar tinham chegado à sua casa, ela confirmou: "Sim, é verdade". Por fim, seu marido queria lhe contar que os resultados de alguns exames médicos que faria (ela confirmou que já marcara a consulta) seriam excelentes, o que deve ter sido um grande alívio para ela.

Os espíritos lembraram a mais de um membro da platéia as canções prediletas que compartilhavam, incluindo "I will always love you", de Whitney Houston – que suscitou algumas lágrimas –, e "Danny boy".

Uma senhora foi transportada de volta à Côte d'Azur e mostrou-se encantada quando um homem que a deixou na vida terrestre lembrou-se de memórias felizes de suas idas a Monte Carlo. Outra foi reconduzida a estadias maravilhosas na ilha de Man, mas a um momento difícil, quando um colchão de água estourou! Uma vez que começaram, os espíritos poderiam ter feito eu continuar a noite toda.

Espero que aqueles que receberam as mensagens também tenham prestado atenção ao que freqüentemente passo como conclusão: "Aceite o amor". Isso resume o que os espíritos têm a oferecer: consolo.

Imagine, por exemplo, o que é testemunhar em primeira mão a morte de alguém de sua família e saber que não há nada a fazer para impedi-la. Deve ser um inferno em vida.

No fim de dezembro de 2006 pediram-me que eu fizesse uma sessão com uma senhora chamada Jayne Charles numa igreja espírita em Londres. Eu não sabia que ela viria acompanhada, de modo que fiquei bastante surpreso quando uma mulher, na casa dos cinqüenta anos, entrou na sala com um jovem de vinte e poucos anos.

Não era um problema, apenas algo inesperado.

Era visível que a dupla sofrera recentemente uma perda. Somente o jeito como andavam – de maneira muito tensa, como se estivessem sofrendo dores no estômago, cabisbaixos – já mostrava quão abatidos estavam.

Como sempre, dei-lhes as boas-vindas e expliquei o que podia acontecer ou não durante a sessão. Quando puxei uma segunda cadeira para o jovem e nossos olhos cruzaram-se por um momento, senti meu estômago reagir como se uma pedra tivesse caído dentro dele. Imediatamente soube que era o modo como o jovem se sentia, não eu. Com freqüência, nas sessões, os sentimentos das pessoas que entram se transferem por um instante para mim. Estou muito acostumado com isso, mas daquela vez era uma sensação realmente terrível. Foi uma boa indicação de quão profundo era o desespero do jovem.

A sessão começou com dois espíritos vindo ao mesmo tempo. Foi difícil separá-los a princípio, mas Jayne disse que reconhecia os dois. A principal comunicadora era uma jovem chamada Gill. A segunda pessoa era uma mulher mais velha, senti que era a mãe de Jayne. Porém, senti que estava ali somente para ajudar a mais jovem a comunicar sua mensagem.

Enquanto falava, notei que eu me dirigia mais ao jovem do que a Jayne. A princípio, ele evitou me olhar diretamente nos olhos, ficava apenas com o queixo apoiado no peito. Gill mencionou a palavra "irmão" e senti que aquele à minha frente era o irmão dela. Quando mencionei isso, ele ergueu a cabeça e me olhou. Senti no ato novamente um peso enorme atingindo minhas entranhas, e silenciosamente pedi a Gill que o ajudasse. Tantas vezes em sessões mediúnicas enviei pensamentos como esse ao mundo dos espíritos e muitas vezes eles responderam algo importante, produzindo uma reação imediata.

Daquela vez, a resposta de Gill foi: "Não foi culpa sua, John!" As palavras passaram por minha mente e saíram de minha boca antes mesmo de eu poder considerar o que estava sendo dito.

Quando o jovem ouviu aquilo, seus olhos marejaram e lágrimas começaram a correr em seu rosto, como se alguém tivesse aberto duas grandes torneiras. Jayne segurou a mão dele e também começou a chorar. Àquela altura eu já tinha percebido que se tratava de mãe e filho e Gill era a filha de Jayne no outro lado tentando ajudar seu irmão, que obviamente estava lá porque de alguma forma se sentia responsável pela morte dela.

Quando as pessoas ficam muito emocionadas, tento evitar que suas emoções me afetem. É muito mais produtivo se eu me concentrar e continuar tentando obter outras informações para elas. Porém, naquele momento tive de baixar a cabeça e piscar para conter as lágrimas enquanto tentava seguir com a mensagem.

Ao me concentrar em Gill, pude ver um carro vermelho pequeno colidindo em alta velocidade com um poste de iluminação. Pude ver também o irmão dela e um pequeno grupo de pessoas da idade dele correndo e gritando. John estava tentando abrir a porta do carro. Nesse ponto, a visão terminou.

Eu não relatei o que vira a eles; em vez disso, pedi mais ajuda ao mundo dos espíritos.

Gill me disse que não havia nada que seu irmão pudesse ter feito. Ela disse que se descobriu de pé na calçada olhando a cena e não conseguia entender por que todo mundo gritava, rodeando seu carro. Esse comentário foi uma prova para mim de que ela, àquela altura, já havia partido, sem sentir nada. A coisa seguinte que ela percebeu, disse-me, foi que sua avó estava com ela em algum outro lugar e estava bem.

Eu passei essa mensagem para John e Jayne, e, enquanto o fazia, ouvi Gill dizer: "Eu sei o que ele quer fazer com o braço dele!" Interrompi-a para repetir essas palavras, pois me pareceu ser importante para ela provar que ainda sabia do que acontecia na vida de John. Os espíritos fazem isso com muita freqüência para confirmar a quem amam que suas consciências ainda estão em contato com as delas.

Mãe e filho se entreolharam e, pela primeira vez, sorriram – primeiro entre eles e então para mim.

Continuei a passar esse novo fluxo de pensamentos vindo de Gill. "Eu acho que é besteira, mas ele vai fazer assim mesmo!", foi o que veio.

Dessa vez John e Jayne deram risadas. Disseram que era exatamente a maneira como Gill teria falado sobre a vontade de John tatuar o nome dela em seu braço!

Gill me deu mais detalhes de coisas que seu irmão tinha feito e pensava fazer desde sua morte inesperada. Nós agora estávamos sendo ouvidos por duas pessoas sorridentes. Lágrimas e risos vinham juntos, em especial quando Gill se lembrou de John enterrando o *hamster* de estimação dela aos doze anos, para logo depois descobrir, quando Gill desenterrou a criatura, que só estava hibernando. Jayne me informou de que o *hamster* tinha sido envolvido numa das camisetas de John e posto numa caixa provavelmente grande o bastante para conter ar que o mantivesse vivo durante seu enterro momentâneo.

A mensagem de Gill para sua mãe e seu irmão durou apenas cerca de 45 minutos, mas nesse curto período de tempo ela pareceu mudar os sentimentos do irmão em relação a sua morte. Também notei que a sensação terrível em meu estômago se dissipara; mãe e filho estavam rindo bastante, bem mais descontraídos do que quando chegaram.

Jayne me explicou que quando teve a oportunidade de uma sessão particular achou que precisava levar o filho, pois ele vinha tendo pesadelos terríveis com a morte da irmã. Como eu vislumbrara, ele estava junto com os amigos no fim da rua em que moravam quando o carro da irmã bateu num muro a cem metros da casa deles. Depois disso, ele ficara tão deprimido por não ter conseguido salvar a irmã que abandonara os estudos. Jayne me disse que não o vira sorrir mais desde o acidente e estava começando a se isolar. Queria fazer uma tatuagem em memória da irmã e não mostrara mais nenhum interesse em sair de casa. Ficava aterrorizado sobre a possibilidade de passar pelo local onde Gill morrera, que Jayne disse ser agora apenas um amontoado de flores murchas.

Nunca fiquei sabendo dos resultados daquela sessão, mas tenho a séria impressão, e nada mais, de que John e Jayne sentiram ter conversado com Gill naquele dia – uma conversa em que a jovem do mundo dos espíritos tentara dissipar os medos e receios mais profundos sobre sua morte. Ela queria ver seu irmão voltar a viver. E queria que ele soubesse que, apesar de seus pensamentos tortuosos, agora ela estava segura no mundo dos espíritos, ainda olhando por ele e muito conectada a toda a família. Meu desejo mais profundo é que essa mensagem tenha mudado a vida de um jovem, que ele tenha retomado os estudos, deixando sua irmã orgulhosa.

○────○

Os espíritos que fazem o esforço de vir através de um médium como eu para, digamos, várias centenas de pessoas sempre têm um propósito. A maioria retorna para ajudar os que estão sofrendo, como Gill fez, mas alguns o fazem porque têm um assunto inacabado. Assim, quando me perguntam se encontro espíritos que prefeririam estar aqui do que lá, a resposta às vezes é "sim", pois eles têm uma espécie de ansiedade em relação à pessoa ou às pessoas que deixaram, uma necessidade de ajudá-las.

Claro, alguém pode dizer: "minha mãe morreu muito inesperadamente e não voltou para me ajudar a lidar com o que deixou para trás. Por quê?" A resposta é que as pessoas são diferentes enre si e o mesmo ocorre com os espíritos. Estamos lidando aqui com tantos tipos diferentes de pessoas em luto, tantas reações completamente distintas, de ambos os lados, que seria tolice fazer generalizações. Mesmo duas pessoas que vão juntas para uma sessão particular apresentarão, em geral, reações diferentes ao ouvirem a mesma coisa. Uma mãe pode querer saber a respeito de seu filho, por exemplo, e, se ele vier, a ajudará consideravelmente a superar o luto, deixando-a mais leve e feliz. Seu marido, por outro lado, pode se sentir ligeiramente supérfluo por sua mulher não estar mais tão dependente dele, de modo que não é simpático à idéia de o filho vir através de mim. "Por que você?", perguntam. Preciso ter consciência desse tipo de situação quando estou comunicando.

Isso aconteceu recentemente com uma mulher chamada Mandy, que chegou a mim por meio de um amigo. Depois que sua filha dera provas sólidas de que estava ali, ela virou para o marido e disse: "É ela, só pode ser ela. Quem mais poderia saber as coisas que Gordon está nos dizendo?" Mas o homem não queria se convencer e retrucou: "Não, não estou engolindo isso. Preciso descobrir quanto ele sabe sobre nós". Claro, eu não tinha a menor idéia de quem eles eram ou qual era a história deles, mas reconheci sua necessidade de deixar claro que a filha não faria confidências a um completo desconhecido.

Nunca mais ouvi falar sobre esse casal e não sei se o homem finalmente aceitou a mensagem que entreguei. Espero que, quando ele e a mulher ouviram a fita juntos mais tarde, ele tenha mudado de opinião. Mas o caso é que as reações de ambos foram totalmente diferentes. O homem estava incomodado, muito incomodado, e ficava cada vez mais, conforme as provas iam aumentando. Ele teria ido embora mais satisfeito, tenho certeza, se nenhum espírito tivesse vindo. Sou obrigado a aceitar situações como essa.

Uma razão também bastante comum para espíritos que faleceram subitamente quererem se comunicar é garantir a seus entes queridos a verdadeira natureza de sua morte. Certa vez, num encontro público, um espírito estava desesperado para vir e me indicou duas senhoras no fundo da sala.

– Ele está me dizendo que são irmãs e que ele era irmão de vocês – disse a elas.

Embora claramente um tanto perturbadas, elas assentiram.

– Ele era viciado em heroína e vocês acham que ele se matou, mas ele quer que saibam que não foi assim. Ele diz que tinha conseguido deixar o vício por um tempo, mas, quando voltou a usar a droga, injetou uma dose impura ou forte demais. Ele quer que saibam que ele não tinha a intenção de se matar.

Depois, uma delas veio ter comigo e expressou sua gratidão pela mensagem. Disse que tirara um peso da consciência da família, pois acreditavam que o irmão estava no purgatório – "emperrado em algum lugar", como disse. Muitas pessoas acreditam que se fazemos algo errado em vida, teremos uma vida horrível após a morte. Então, é maravilhoso quando a mensagem de um espírito alivia uma pessoa desse sofrimento adicional de luto.

Quando eu estava em Llandudno, Carole Smith, de Wirral, veio me ver. Um espírito particularmente falante chegou à sala; era uma jovem acompanhada por uma mulher mais velha.

– Não sei quem é esta jovem, mas é perceptível que você tem uma ligação muito forte com ela – eu disse a Carole.

Mensagens Inspiradoras

Senti uma acentuada respiração indicando que a mulher se fora muito de repente. "Estou com a vovó aqui", ela dizia. "Fale à mamãe que estou com a vovó."

Aquilo era só o começo. Essa mulher tinha muito para me dizer. Senti que havia mais tristeza do que o usual associada à morte dela. Fizera muitos planos durante a vida, mas também tinha consciência de um sério problema de saúde que poderia tornar seus planos inexeqüíveis, portanto estava preparada para morrer, o que tornava as coisas mais fáceis para ela do que para quem ela deixou.

Havia conexões familiares tanto na região de Liverpool quanto em Chester, e ela estava mandando lembranças a várias crianças pequenas, mostrando-me uma bela foto e mencionando uma cirurgia na coxa. Ela se referiu a uma fotografia muito especial para Carole e outros, e disse que estivera numa festa de aniversário bem recentemente. O nome "John" estava sendo escrito no que eu, às vezes, chamo de lousa espiritual; "Jean está aqui comigo", foi acrescentado.

Como aquele espírito gostava de falar – obviamente tinha um grande senso de humor, pois sua mensagem era muito espirituosa, em especial quando mencionava seus "belos cabelos". Ela me levou para uma região com grama e árvores, onde ela e Carole faziam seu passeio preferido, disse. E me mostrou narcisos e um cachorro que insistia que eu mencionasse.

Então, exibindo-me um passaporte, ela me levou para o exterior e mencionou lembranças de uma vila onde muitas de suas fotografias tinham sido tiradas. Essas fotos estavam agora num recipiente atulhado de lembranças, algo feito com conchas. Outras tinham sido incluídas numa montagem de que ela gostava muito.

Brincalhona, ela pôs uma espécie de chapéu ou boné em minha cabeça e então me entregou um anel obviamente significativo. "Setembro", disse, era importante lembrar. Um avô apareceu – William, ou Billy, como era conhecido. O nome "Jack" também foi dito, e então "Paul". Alguma outra pessoa, ela notou, estava ficando careca, alguém que precisava usar terno para trabalhar. Carole, disse ela, estava com seus óculos. Um rádio estava sintonizado numa estação e tocava uma música. Ela me fez contar até dez, o décimo mês: outubro. Uma tal de Wendy foi mencionada... ou seria quarta-feira (*Wednesday*, em inglês)? A informação estava fluindo muito rapidamente para eu captá-la com precisão. Ela então me mostrou um belo cartão-postal. "Você guardou o cartão", dizia. E então mudou de assunto, falando sobre um jantar especial. "Eu estarei lá com você", ela queria que Carole soubesse.

"Diga a minha mãe que eu a amo", concluiu. "Diga que estou livre. Veja só as coisas que posso fazer agora!" E, dizendo isso, partiu.

Depois, Carole me disse que recebera o que desejava ao vir a Llandudno – uma mensagem de sua filha Julie, que nascera com a espinha bífida e hidrocefalia e vivera em cadeira de rodas até a morte, em 1999, aos 32 anos.

Apesar de suas sérias limitações físicas, Julie fora uma pessoa animada e otimista, muito divertida, sempre enxergando o melhor nas pessoas – exatamente a impressão que tive ao receber a mensagem dela.

Eis o restante do que Carole tinha a dizer:

Foi absolutamente fantástico. A personalidade de Julie realmente se mostrou. Gordon ficava sorrindo e dando risada do jeito que ela fazia. A fotografia mencionada por ela tinha sido tirada oito anos antes daquele dia. Todos os membros da família têm cópias dela em casa.

Foi Jessie, a mãe de meu marido Rob, quem estava esperando por Julie. Sempre foram muito próximas. Julie adorava seus sobrinhos e mencionou Jack, que nasceu depois de ela ter morrido. É ótimo que ela se lembre deles todos. Fiz uma cirurgia na coxa ano passado. Eu ainda conto a Julie tudo o que acontece na família. Foi o aniversário de quatro anos da neta de Ruby no fim de semana passado e haverá o aniversário de Rob esta semana – organizei um jantar de família para comemorá-lo.

São notícias maravilhosas saber que ela fica de pé e está bonita. Ela gostava de ter boa aparência e adorava seus cabelos compridos. Julie era muito divertida e gostava de rir, especialmente com seu irmão Paul. Eram tão próximos... Ele é advogado, por isso precisa usar terno. John era o irmão do meu pai e Jean é a irmã de Rob. Ela morreu à noite, subitamente, um ano atrás. A irmã de Julie, Natalie, faz anos e também aniversário de casamento em outubro.

Eu costumava passear com Julie todos os dias num parque pequeno perto de casa, com Tammy, nossa cachorra, e contemplávamos os jardins no caminho. Julie gostava particularmente de narcisos.

Fomos para a Flórida em 1997 e ficamos numa vila. Julie adorou. O boné era da Disney World – um lugar a que ela sempre quis ir.

Carrie, irmã de Julie, vai se casar este ano e achamos que tocar as músicas favoritas de Julie iria ser muito triste, mas Julie disse a ela para tocar sua música. No dia, Carrie usará o anel de safira e diamante que Julie ganhou em seu aniversário de 21 anos.

O aniversário dela era em 26 de setembro. Ambos os avôs dela eram chamados de Bill. Eu guardo lembranças especiais numa caixa ornamentada com conchas, incluindo os óculos dela.

Wendy é uma amiga minha que está hoje comigo aqui em Llandudno – e é quarta-feira.

Diga a Julie que eu também a amo.

Sem dúvida, mãe e filha têm memórias afetuosas uma da outra e só aquele encontro foi o suficiente para me deixar com lembranças felizes dessa visita ao norte do País de Gales, onde sei que algumas mensagens dos espíritos mudaram muitas vidas para melhor.

Falando com os "bem-conectados"

Um amigo me pediu que eu fizesse uma sessão com uma senhora que ele sabia estar precisando muito.

Quando entrei na casa dela, no centro de Londres, me dei conta de que era o lar de uma pessoa de posses, mas a sala de estar nos fundos a que fui conduzido era menos imponente, tinha um clima mais doméstico.

Após as habituais apresentações e explicações sobre como uma sessão particular com um médium ocorre, começamos.

Quase imediatamente o irmão daquela senhora apareceu.

– Estou com seu irmão aqui – eu disse. – Ele morreu bem recentemente.

Ela assentiu.

– Ele está me dizendo que estava no campo com outras pessoas quando morreu e havia cachorros à sua volta. Você ficou com a impressão de que ele morreu no hospital, mas na verdade ele faleceu antes mesmo de chegar à ambulância; mais precisamente quando estavam tentando reanimá-lo.

Ela demonstrou surpresa porque, explicou, sempre acreditara que a morte dele ocorrera no hospital. Porém, seu irmão insistia que morrera onde caíra.

– Se você não acredita nele, pergunte ao médico – sugeri.

A mulher se torturava com pensamentos do tipo "não poderíamos ter feito alguma coisa?", mas seu irmão queria que ela soubesse que não havia absolutamente nada que alguém pudesse ter feito.

– Ele também está dizendo: "Fale para minha irmã que não havia necessidade de guardar as fotografias".

Ao ouvir isso, ela me olhou e disse:

— Oh, meu Deus!

— Ele comenta ainda que há um busto dele no qual alguém enfiou um cigarro na boca e um drinque sob o queixo quando ele faleceu. Achou engraçado, embora tivesse orgulho de ter se livrado do vício de fumante inveterado.

— Ninguém, a não ser uns poucos, sabe disso — a mulher disse, surpresa. — O busto está na casa dele, a qual vou visitar amanhã, aliás.

E então continuamos.

— Ele diz que comprou para você uma cachorra chamada Lady...

— Comprou. No meu aniversário, quando eu era jovem.

— Ele menciona duas ruas, Mini e Sloane, dizendo que é uma lembrança bem antiga.

Ela confirmou que tal lembrança era especial para ela e o irmão.

A uma certa altura, gesticulei como se estivesse fumando um cigarro, passando a outra mão pelo cabelo.

— Essa era exatamente a pose dele — disse ela. — Tinha cabelo comprido e costumava passar a mão nele quando fumava.

Em algum lugar dentro de mim tive a sensação de que devia saber quem era esse homem. Havia algo muito familiar me rondando, e, no entanto, a maneira como ele dava informações para a irmã sugeria que queria manter um certo anonimato. Em casos assim, preciso respeitar. Não importa quem eu veja — se pessoas com muita ou pouca experiência de vida. Esta graciosa senhora obviamente pertencia ao primeiro grupo, mas o mais importante era a alegria que brotava em seus olhos — uma alegria ausente quando a conheci.

Então, ficou claro para mim que ela removera as fotografias da sala de estar por não querer que seu irmão fosse imediatamente reconhecível, fato que poderia influenciar na sessão — e estava certa.

Minha função naquele dia não era impressioná-la nem ficar

impressionado por quem ela ou seu irmão eram, mas ajudá-la a curar a dor pela qual estava passando – a dor de perder alguém tão próximo. Ela também precisava ouvir o irmão confirmar que nada poderia ter sido feito para salvá-lo. Pensar que ela poderia ter feito alguma coisa tornara-se um fardo tão pesado que adoecera tanto física quanto mentalmente – não à toa ela acabou consultando um médium para tentar encontrar a paz.

Deve ter sido umas duas semanas depois dessa sessão que recebi um telefonema dela. Soava jubilante, com a voz cheia de esperança e entusiasmo, como se tivesse acabado de ganhar na loteria.

Não podia esperar para me contar que, após muitos dias ponderando sobre o nosso encontro, ela decidira entrar em contato com o médico que cuidou de seu irmão quando ele chegara ao hospital. Perguntou diretamente se o irmão estava vivo quando chegou e se a equipe médica tinha tentado reanimá-lo. O médico ficou atônito com as perguntas e quis saber por que ela queria tais informações. Por fim, disse que não havia nada que pudesse ter sido feito por seu irmão, pois ele já chegara morto. O médico perguntou por que ela achava que podia ter ocorrido isso mesmo, mas ela não disse mais nada. Queria guardar para si mesma o fato de o irmão ter lhe contado tudo através de um médium. Ela também queria me dizer que não tinha dúvida alguma de que falara mesmo com seu irmão naquele dia e que ele viera para ajudá-la. Também falou que a saúde dela melhorara muito desde a sessão e que todos os seus amigos e familiares tinham ficado encantados com sua recuperação.

Fiquei muito satisfeito ao ouvir isso, pois mais uma vez foi confirmada a principal intenção dos espíritos ao fazer contato com as pessoas que amam: curá-las e ajudá-las a retomar suas vidas. E, vale acrescentar, não importa qual o nível social, pois nem a riqueza nem a fama podem impedir o sofrimento.

○────○

Falando em fama – e eu encontrei algumas pessoas muito famosas em minhas viagens, sobretudo através da mediunidade –, uma pessoa que eu sempre quis conhecer era a grande atriz, cantora, bailarina e autora Shirley MacLaine. Não só porque gosto de seus filmes, como *Clarity, meu amor* e *Laços de ternura*, apenas para mencionar dois deles, mas também porque apreciei muito seus livros e me senti estranhamente atraído por ela em pessoa.

Em 1995, pediram-me que eu fizesse uma demonstração de mediunidade em Gibraltar. Era a primeira vez que iria trabalhar num teatro grande; normalmente minhas demonstrações eram em igrejas espíritas ou salões pequenos na Inglaterra. Ainda me lembro de como estava com medo nos bastidores, fumando um cigarro na janela aberta de meu pequeno camarim.

Olhando por aquela janela, em estado de choque, notei apenas uma coisa: uma árvore sem folhas – sem nada nos galhos a não ser uma laranja pendurada no mais alto deles. Havia algo naquela visão que me fez sentir estranho por dentro. Então ouvi uma voz dentro da minha cabeça dizendo: "Para alcançar o fruto da árvore, você precisa sair no limbo".

Não sei bem por que, mas ouvir aquela frase, que nunca ouvira antes, me fez sentir conectado a uma fonte muito maior do que eu mesmo. Senti que eu estava "saindo no limbo", e, no entanto, me sentia seguro – mais seguro do que jamais me sentira como médium antes. Era como estar envolto num cálido cobertor por uma força invisível que estava lá para me proteger e me guiar.

Após essa experiência fantástica, tudo o que lembro daquela noite é que trabalhei com uma confiança totalmente nova para mim; mensagens vieram para muitas pessoas com verdadeira precisão e relevância.

Foi quando voltei para casa e um amigo me deu um exemplar de um livro de Shirley MacLaine, chamado *Out on a limb*[3]. Lembro-me de ter ficado fascinado e louco de vontade de lê-lo. Queria saber se esclareceria alguma coisa sobre a maneira estranha como eu me sentira quando estava trabalhando em Gibraltar.

Gostei de ler o livro, pois me ajudou a entender a sincronicidade, fazendo-me começar uma jornada muito diferente. Também vivenciei algo similar ao episódio com a árvore frutífera ao ler o começo do livro. "A praia de Malibu no pôr-do-sol", diz, "sempre me faz pensar que deve haver algo a mais na vida do que isso." Não é nada profundo, é? No entanto, ao ler essas palavras, senti-me como se estivesse lá com Shirley – ou ao menos tive a estranha sensação de que, de alguma forma, iria parar na praia de Malibu no pôr-do-sol. É difícil explicar, mas era como se eu estivesse tendo uma visão do futuro. No entanto, como todas as outras visões de eventos futuros que já tive, foi difícil essa visão fazer sentido até ela acontecer de fato.

Foi então que as coisas ficaram ainda mais estranhas. Eu trabalharia em Las Vegas em maio de 2007 e decidira tirar alguns dias extras para relaxar, ter umas férias. Um pouco antes da minha partida, uma amiga me convidou para passar alguns dias com ela em Los Angeles. Ela morava junto ao oceano e achou mais estimulante para Jim e eu ficarmos lá do que no deserto de Nevada. Além disso, também queríamos conversar sobre mediunidade, sobre como esse assunto poderia funcionar bem num programa de tevê.

---

3 - Literalmente, algo como "saindo num limbo". O título publicado no Brasil é *Minhas Vidas*. (N. do T.)

Quando chegamos a Los Angeles, ela foi nos buscar e partimos para sua casa com vista para o mar. O que percebi no caminho é que estávamos saindo de Los Angeles, deixando o letreiro de Hollywood Hills para trás, indo na direção de Malibu. Eu, na realidade, estaria na praia de Malibu durante o pôr-do-sol – um sonho que se realizaria após doze anos.

Andando na praia naquela tarde, descobri que era exatamente como Shirley MacLaine descrevera no livro. Havia algo mágico na maneira como o mar se encontrava com a terra e como as cores de um pôr-do-sol místico se misturavam com as montanhas. Parte de mim sentiu-se pequena em comparação a esse espetáculo, mas também me senti conectado com a grande fonte que criara tão fantástica beleza. Realmente compreendi o que Shirley MacLaine quisera dizer, e, no entanto, algo estava faltando – sempre achara que iria me encontrar com a própria Shirley MacLaine se alguma vez eu estivesse ali!

No entanto, mesmo quando pensei isso havia uma voz reconfortante me dizendo: "Tudo é como deve ser". Pareceu-me que tudo corria bem e me lembro de ter pensado que se Shirley estivesse em algum lugar ali de alguma forma iria me encontrar. Transmiti esse pensamento ao mar, voltei para a bela casa de minha amiga com vista para o oceano Pacífico e dormi como não dormia havia anos.

Acordei cedo no dia seguinte, sentindo-me disposto. Tinha a sensação de que algo estava para acontecer, apenas não fazia idéia do que poderia ser.

Depois do café-da-manhã, Jim e eu acompanhamos minha amiga até seu cabeleireiro em Malibu, onde ela estava fazendo uma filmagem. Nós dois nos sentimos à vontade em salões de beleza por termos trabalhado como cabeleireiros por muitos anos.

Enquanto estava no salão, pus-me a conversar com a recepcionista, uma mulher muito simpática, cuja família era originária da Escócia. Foi só ela me contar isso que comecei a sentir o pai dela vindo. Ele me disse que vinha de Aberdeen e começou a me dar uma mensagem que a mulher precisava ouvir naquele momento. Ela ficou tão contente de ter notícias dele, bastante emocionada na realidade, que quando terminei ela disse que gostaria de retribuir a felicidade fazendo algo para mim. Brincando, respondi que ela não precisava se incomodar, a menos que pudesse materializar Shirley MacLaine. Porém, foi a minha vez de ficar chocado quando ela disse: "Acho que posso fazer isso. Dê-me um instante".

A princípio, pensei que ela estava brincando como eu, mas momentos depois me disse que a sra. MacLaine estava a caminho e adoraria me conhecer! É um velho clichê, mas meu queixo caiu de fato.

Quarenta minutos depois, a porta do belo salão se abriu e por ela entrou a atriz ganhadora do Oscar. Lembro-me de como ela parecia comum usando calças compridas, uma camiseta e um suéter – comum, quero dizer, até eu olhar nos olhos dela. Se os olhos são a janela da alma, então aqueles fantásticos olhos cintilantes pareciam mostrar uma alma tão vasta quanto o oceano que eu contemplara na noite anterior.

Eu diria que fiquei tão siderado quanto atônito. Shirley assumiu a situação no ato, levando-nos do salão para um restaurante próximo, onde imediatamente começou a falar sobre questões espirituais. Ela era muito interessada nesse assunto, mas foi tão reconfortante ver como também era telúrica, interessada na vida terrena e em todos os seus aspectos. Uma vez na vida eu quis calar a boca em vez de dar minha opinião em tudo. O conhecimento de Shirley em questões espirituais é tão vasto que foi fascinante absorver o que ela estava dizendo. Não lembro o que ela comeu;

não parecia importante, considerando todo o restante. Havia tamanha energia no ar, algo tão do outro mundo que naquele instante parecíamos estar flutuando sobre nossas cadeiras.

Eu sabia que Shirley se sentia muito à vontade sobre todas as questões espirituais e que tivera fantásticas experiências nesse campo. Isso significava que eu não precisava explicar nada, como em geral tenho de fazer quando converso com celebridades. Ela estava tranqüila ali, falando para nós o que pensava sobre a consciência, a vida após a morte e o futuro do planeta. Pareceu-me ser alguém que compreendera seu caminho espiritual e cuja mente se expandira por causa disso.

Depois do almoço, concordei em fazer uma sessão com ela. O único lugar onde podíamos fazer isso era o salão, mas quando voltamos lá todos os lugares estavam tomados. Então, alguém sugeriu o depósito! Eu não tinha problemas com isso, mas não parecia ser um local adequado para um mito hollywoodiano. Shirley, porém, apenas deu de ombros, abrindo seu famoso sorriso e levando-me até o depósito, onde sentamos em meio a muitas caixas de cosméticos para os cabelos.

A sessão com Shirley foi fácil para mim, pois ela estava acostumada a encontros com médiuns. Ou seja, não queria provas. Já sabia da existência da vida após a morte e apenas desejava saber a opinião de seus entes queridos do outro lado sobre certas coisas de sua vida. Lembrei-me de meu encontro com William Roache, da *Coronation Street*. Ele também não precisava de provas; apenas tratou a ocasião como se fosse uma ligação telefônica – se alguém tivesse qualquer coisa para dizer viria ao telefone.

Encontrar Shirley MacLaine foi como encontrar uma velha amiga. Após eu me acostumar com ela no corpo físico – e isso foi muito fácil, pois era uma pessoa muito simples –, foi como reatar com alguém que eu já conhecia. Não fiz acontecer, mas estava destinado a acontecer.

Há algo muito encorajador em perceber que as coisas que acontecem na vida estão destinadas a acontecer. Isso propicia uma sensação de que não importa o que nos ocorra, em algum lugar dentro de nós sabemos o que significa. E não importa se os eventos são "bons" ou "ruins", queremos vivenciá-los para poder aprender alguma coisa. Não são punições ou recompensas, mas estão lá para nos ensinar coisas.

Uma experiência que tenho tido aos montes nos últimos anos é conhecer gente famosa. Fiz sessões particulares com muitas delas. Mas, como meu velho amigo Albert Best, um médium muito respeitável, eu as vejo apenas como pessoas que vêm a mim porque têm alguma necessidade, como todas as pessoas que vêm procurar ajuda do mundo dos espíritos. São tantos os famosos que eu poderia listá-los aqui apenas por sua fama e poder, mas eu me sentiria como se estivesse os traindo.

A diferença com Shirley MacLaine, como eu disse a ela no fim de nossa sessão, foi quão engraçado tudo ocorreu, com toda a sincronicidade envolvida e o fato de nos encontrarmos apertados num pequeno depósito. Como poderia algo ser mais grandioso?! Ela disse que eu devia contar no meu próximo livro, de modo que aqui está. E nosso encontro foi realmente uma mensagem que mudou a minha vida.

Nunca tive o prazer de encontrar Ross Davidson, que fazia o papel do enfermeiro Andy O'Brien na série *EastEnders*, mas fiquei muito contente em passar uma mensagem para sua viúva Bárbara pouco depois de ele ter morrido, em 2006. Eu não sabia de sua conexão com o popular ator quando nos encontramos, mas quando um sorridente escocês grandalhão apareceu para mim ficou claro quem era ela. Quando pedi provas, ele falou dois números para Bárbara – 16 e 25.

– Meu marido nasceu em 25 de agosto e morreu em 16 de outubro – ela disse – de modo que é mesmo o Ross.

Enquanto isso, ele me dizia que morrera de uma doença grave na cabeça, em casa, depois de uma internação no hospital, e que se lembrava de seus filhos vindo visitá-lo, um a um.

– Ele morreu de câncer no cérebro – Bárbara confirmou.

Ross também comentou sobre uma área não muito longe do zoológico de Glasgow, local onde sua mãe morava. Mencionou que Bárbara usava seu anel pendurado numa corrente no pescoço. E havia muito mais coisas particulares do casal, que estivera junto por apenas dezoito meses.

A coisa curiosa sobre a sessão é que Ross ficava me dizendo que Bárbara trouxera o irmão dele para a sessão, mas só havia nós dois – mais o espírito, claro – na sala.

– Não, ele não está aqui – ela disse.

– Ross está me dizendo que está – respondi.

No fim das contas, o irmão dele chegara atrasado para a sessão e a estava esperando na outra sala.

○────○

Na noite depois do encontro com Shirley MacLaine, lembro-me de ter pensado nas celebridades e pessoas cujas vidas são acompanhadas pelo público. Ironicamente, estava sentado na praia de Malibu, ao pôr-do-sol. Num lugar como aquele as celebridades passam quase despercebidas. As pessoas simplesmente caminham lá contemplando a vida, não importando quem são. E todo mundo tem seus altos e baixos. Todos somos humanos, afinal, e nossos "baixos" nos fazem mais conscientes de nossa fragilidade. Todos podemos nos sentir limitados e insignificantes, de modo que tudo o que conseguimos pode parecer nada. "As pessoas são apenas pessoas", pensei, "tentando seguir sua vida, tentando encontrar sua individualidade e defini-la pelo que quer que esteja ocorrendo naquele momento."

Quando os famosos não estão na tevê, em filmes ou nas capas das revistas, estão tentando cuidar de suas vidas pessoais, perguntando-se sobre o sentido da vida e, com freqüência, descobrindo que em sua individualidade são apenas humanos como qualquer outro. "Quantas pessoas", perguntei-me, "famosas ou não, estão nesta praia e têm consciência de que estamos conectados, todos parte de uma mesma fonte maior do que qualquer indivíduo. Foi então que voltei ao restaurante onde Jim e minha amiga estavam me esperando. Eu estava do lado de fora por um instante, apenas para curtir um pouco mais a praia de Malibu no pôr-do-sol e fumar um cigarro, quando um casal jovem se aproximou de mim. O jovem, muito bonito e atlético, perguntou se eu tinha um cigarro. Ofereci o meu maço, quando a garota, que estava de braços dados com ele, perguntou se também podia pegar um.

– Claro – disse eu.

A moça estava com um capuz e o jeito como estava vestida nada tinha de especial; foi quando ela acendeu o cigarro com meu isqueiro, tirou o capuz e disse:

— Estar aqui nesta hora não o faz sentir que deve haver algo a mais na vida do que isso?

Olhei para o rosto dela e pensei: "Acho que a conheço".

Era a atriz de cinema Daryl Hannah, apenas sendo ela mesma, uma pessoa comum. Eu respondi:

— Sim, aqui é um lugar mágico.

Vivendo a vida com espiritualidade

Voando para a Cidade do Cabo, li na revista de bordo que a cidade tinha sido eleita como um dos lugares que deveríamos conhecer "antes de morrer". Não conseguimos evitar mencionar a morte em nossas conversas habituais, não é o mesmo? "Morremos" de rir ou algo só vai acontecer se "passar por cima de meu cadáver". Mas a mensagem que eu estava levando à África do Sul era a de que a morte não é o fim do percurso. Quando alguém morre, o corpo fica supérfluo, mas o espírito segue adiante. A "Nação Arco-Íris"[4] é um país maravilhoso e a Cidade do Cabo, com seus quilômetros e mais quilômetros de belas praias, a fantástica Table Mountain e os vinhedos se espalhando para o leste valem a pena ser visitados "antes de morrer". Há algo para todos: atrações turísticas que você deseja no Albert and Victoria Waterfront, pingüins africanos na praia, em Boulders, e babuínos ao longo da estrada para o farol de Cape Point. Camps Bay é uma das praias mais sensuais da Terra, com lindas mulheres de biquíni na praia e homens atléticos nos cafés da calçada, dando um toque das praias sulinas de Miami a este continente muito diferente.

Mas, isso é apenas uma parte do arco-íris. Nos salões de chá tibetanos, em Simon Town, onde tigelas com orações genuínas trazem as refeições vegetarianas, falei com um antigo morador cujo avô, segundo a categorização sul-africana da época, era branco e a avó negra. Ele me contou sobre os velhos tempos: "Enfiavam um lápis em seu cabelo. Se permanecesse nele quando sua cabeça se inclinava para a frente, você era classificado como negro ou 'de cor'. Isso

---

4 - "Nação Arco-Íris" é um termo criado pelo arcebispo anglicano da Cidade do Cabo, Desmond Tutu, para descrever a África do Sul pós-1994 quando, após o fim do Apartheid (regime de segregação racial praticado na África do Sul que vigorou até 1990), foram realizadas eleições livres no país. (N. do E.)

determinaria o curso restante de sua vida – onde você poderia estar, que empregos teria, como seria educado".

Em Langa, o mais antigo subúrbio negro da Cidade do Cabo, cem pessoas se amontoavam em espaços projetados para apenas dezesseis. Porém, embora as habitações pareçam uma mixórdia de ferro corrugado, dentro são arrumadas e, com freqüência, repletas de gente aparentando felicidade, assistindo a novelas na tevê durante o dia.

Fui para Johannesburgo, onde me encontrei com Denise Maidment, uma diretora empresarial. Antes de sua mãe falecer, foi parte integrante da unidade familiar por um período de dez anos, junto com seu marido e três filhos.

Denise continua a história:

Mamãe sempre acreditou no mundo dos espíritos. Ela conversava com meus avós todos os dias, embora ambos tivessem morrido há anos. Era um assunto que sempre se conversava em nossa casa e que provocava discussões animadas.

Enquanto mamãe acreditava na vida após a morte, meu marido não acreditava, os meninos evitavam o assunto e eu ficava aterrorizada com a idéia de que alguém morto podia estar ao meu lado. A conversa, em geral, terminava com mamãe dizendo: "Vou provar que há vida depois da morte: voltarei para falar com vocês". Rob então dizia: "Certo, faça isso", mas eu me arrepiava só de pensar e pedia para ela não me assustar.

Em novembro de 2004, ela ficou doente e foi internada no hospital. Depois de vários exames ficou constatado que ela tinha câncer no estômago e um enorme tumor no cérebro. Os médicos excluíram a possibilidade de tratamento e nos deram um prazo de cerca de três meses.

Mamãe foi informada e reagiu realmente bem, dizendo que tivera uma ótima vida e estava pronta para a passagem. Sua única preocupação era ir para casa, pois não achava justo esperar que eu fosse ao hospital todos os dias – bem típico de mamãe.

Meus irmãos e irmãs estão espalhados pelo mundo e fazia 25 anos que não nos reuníamos. Como às vezes acontece nas famílias, brigamos e nos desentendemos com o passar dos anos, coisas bobas se interpuseram no caminho e a distância facilitava o fato de não nos comunicarmos com freqüência. Mas mamãe me pediu para reunir a família porque queria ver todos juntos mais uma vez e disse: "Providencie isso logo".

Pus-me a fazer o que ela pediu. É difícil ligar para seus irmãos e dizer que a mãe deles está morrendo e que precisavam vir muito rápido, mas foi o que fiz e uma semana depois todo mundo havia conseguido vôos e chegaria na sexta-feira de manhã.

Mamãe finalmente admitiu que sentia dores e a morfina foi receitada. Ela não queria, mas insisti. Eu agora era a mãe e ela, a filha. Venci e ela recebeu o medicamento. Essa atitude iria me assombrar e atormentar, pouco importando o que os outros dissessem.

Sexta-feira de manhã chegou e o clã se reuniu. Mamãe tinha os filhos ao seu lado pela primeira vez em 25 anos. O clima estava leve e alegre e mamãe era o centro das atenções. Eu administrava devidamente a morfina a cada quatro horas, sempre sob protestos, mas estava decidida que ela não sentiria mais dor. Então, quando ela estava dormindo, o telefone tocou. Era o farmacêutico. Tinha ocorrido um erro com sua receita e a morfina preparada era muito forte.

A essa altura, mamãe estava na cama e não conseguia se mover ou falar direito. Estava vendo arco-íris em toda parte e falando sobre nós, seus filhos, como se ainda fôssemos pequenos. No sábado a família se reuniu em torno de sua cama, falando sobre nossas vidas e a dela, compartilhando risos e lágrimas. Lá estavam seus seis filhos e o genro que ela amava tanto, todos juntos de novo. Mas, mamãe estava em coma por causa da morfina que eu dera a ela. Não podia ver sua família toda junta de novo, um sonho que alimentara por tantos anos. E era tudo minha culpa.

Quando ela deu seu último suspiro, eu estava sentada na cama segu-

rando sua mão e a família transmitia-lhe todo o amor, libertando-a. Sem complicações, ela faleceu, corajosa até o fim.

Os dias seguintes foram nublados. Minha família se espalhou de novo e a vida gradualmente voltou ao normal.

Mas, a despeito do consolo que os médicos e seu marido deram, Denise não podia continuar de onde tinha parado:

Pesquisei os efeitos da morfina e me convenci de que eu causara o coma – afinal, fui eu quem a forcei a receber o medicamento. Achava que eu devia tê-la escutado e que era minha culpa ela não ter podido, afinal, nos ouvir falando naquele sábado.

Denise teria passado o resto de sua vida devastada pela culpa se não tivesse ocorrido uma série de estranhos acasos. Ela explica:

Eu assino uma revista local, porém, na realidade nunca a leio, pois sou muito ocupada. No entanto, o número de dezembro estava na minha mesa e daquela vez a li. O que se seguiu foi estranho. Li um anúncio sobre a demonstração de Gordon Smith em Johannesburgo. Comentei com meu marido e ele disse: "Vamos lá!", atitude estranha, considerando toda a sua descrença no assunto.

Fiz a reserva e, em fevereiro, fomos ver Gordon num seminário lotado em uma tarde repleta de trovões. Quando ele entrou no palco, não era nem um pouco o que eu estava esperando. Era uma pessoa "real", muito suave e com senso de humor. Explicou sobre o mundo dos espíritos e o que devíamos esperar da demonstração. Também nos encorajou a falar caso sentíssemos que alguma mensagem estivesse vindo para qualquer um de nós.

Então foi em direção ao canto da sala onde estávamos sentados e começou a descrever um espírito que falava com ele:

— Uma senhora que faleceu recentemente, muito rápido, mas que estava pronta para partir.

— Deve ser a sua mãe —, disse meu marido. — levante a mão!

Levantei a mão com alguma relutância, mas então Gordon descreveu perfeitamente a morte de mamãe. Ela disse que sabia que naquele sábado estávamos todos lá e que nos ouviu conversando. Disse que eu segurava sua mão e o que ela mais queria que eu soubesse é que não tinha sido minha culpa — ela estava pronta para a passagem. "Obrigado por ter cuidado de mim por tanto tempo", acrescentou.

A essa altura eu estava chorando descontroladamente, só pude ouvir a mensagem de Gordon e libertar todas as emoções acumuladas.

Gordon descreveu as balas de menta e a dentadura de brinquedo que mamãe costumava levar no bolso para assustar as crianças, sua fotografia usando peruca que usamos para o anúncio do enterro e a as pessoas que estavam com ela naquele momento, ajudando a passar a mensagem. Ele falou-me sobre minha viagem iminente para o Reino Unido a fim de levar de volta as suas cinzas e, sobretudo, disse que mamãe sabia tudo isso porque estivera comigo quando eu falara com a minha irmã no telefone poucos dias antes. Essa idéia teria me aterrorizado no passado, mas quando Gordon estava falando comigo senti uma irradiação de calor e reconforto ao pensar que mamãe ainda estava conosco.

As mensagens se tornaram mais relevantes e significativas à medida que Gordon prosseguia. Ele compartilhou um sentimento intenso de amor e gratidão que mamãe nos enviava e terminou com as seguintes palavras:

— Ela diz que perdeu um aniversário no Natal, mas manda a mensagem "Feliz aniversário. Eu estava com você".

Meu marido sorriu e disse:

— Foi meu aniversário, e ela sempre lembrava.

Gordon mudou nossas vidas naquele dia. Conseguiu passar mensagens de mamãe que me permitiram deixar de lado meus temores e, o mais importante, superar minha culpa. Ela provou para meu marido, como disse que faria, que a morte não é o final. Realmente acredito que mamãe nos guiou para aquela demonstração espírita, sabendo que eu estaria pronta para aceitar sua mensagem com meu marido ao meu lado, me protegendo, e que ele não teria como discutir ou descartar com explicações o que ouvimos naquela noite.

Agradeço a Gordon por ter agido como o catalisador que fez tudo aquilo acontecer, mas, sobretudo, agradeço a mamãe por ser tão forte e determinada na morte como era em vida. Ela viverá em nossos corações para sempre.

Como um adendo, devo dizer que agora falo com mamãe todos os dias e, com freqüência, sinto a presença dela. Isso teria me perturbado no passado, mas, desde que ouvi Gordon explicar tudo e li seus livros, sinto-me bem com sua presença.

Também voltei a ver Gordon na esperança de que mamãe fosse mandar outra mensagem, mas também agora compreendo que ela não tem de mandar mensagens todo o tempo, porque está sempre presente. Na época de minha primeira mensagem a necessidade era grande. Ela precisava me dizer que estava bem e que não me culpava, e eu precisava ouvir isso vindo dela. Obrigada, Gordon, obrigada.

É sempre uma alegria quando uma mensagem muda a vida de alguém de forma tão profunda. E foi na Cidade do Cabo, em minha visita anterior, onde também passei uma mensagem impactante que mudou uma vida. Tudo ocorreu numa noite agradável, num belo lugar chamado Seapoint. Na platéia estava Jess Morgan, uma senhora amedrontada. Deixarei que ela mesma conte a história:

Em dezembro de 2003 uma gravidez maravilhosa e sem problemas tornou-se um pesadelo quando uma terrível dor abdominal conduziu-me a um colapso. Com 32 semanas, sem que eu soubesse, meu filho foi removido numa cesariana de emergência. Não o vi por quatro dias até eu sair da UTI para uma breve visita à Unidade de Tratamento Intensivo Neo-

Natal. Ele era mínimo, mas um verdadeiro lutador. A natureza desenvolvera seus pulmões cedo e pudemos levá-lo para casa três dias depois.

Treze meses depois eu estava grávida de novo e, dado o rápido e imprevisível agravamento de minha primeira gravidez, meu ginecologista buscou uma segunda opinião de um renomado hematologista. Assim, recomendou que eu encerrasse a gravidez, pois era de altíssimo risco e "provavelmente perderíamos o feto lá pelo sétimo mês".

Tendo pela frente um período difícil e desalentador, meu marido e eu nos afastamos de todos e não comemoramos a segunda gravidez como a primeira. Então, em 2005, durante esse período recluso e apreensivo, houve certas sincronicidades que resultaram em um amigo me convidando para uma noite com Gordon Smith em Seapoint.

Quando a sessão estava chegando ao fim, Gordon veio em minha direção, dizendo:

– Você começou a tomar quatro tipos diferentes de remédios. Estou confuso. Consigo ver as pílulas enfileiradas – mas não há nada de errado com você!

Em seguida, disse:

– Há um bebê a caminho.

Falou muito mais – muitas validações, todas incríveis –, porém fui embora com apenas duas afirmações ressoando em minha cabeça: "Não há nada de errado com você!" e "Há um bebê a caminho".

Foi uma gravidez extremamente desconfortável, com quatro tipos diferentes de pílulas para tomar de manhã (exatamente como Gordon previra) e uma injeção diária no baixo ventre. Senti-me fisicamente doente o tempo todo, mas simplesmente ficava repetindo para mim, como um mantra: "Não há nada de errado com você e há um bebê a caminho".

Um mês antes da data prevista fui submetida a uma cesariana como medida de precaução. Fiquei acordada durante o procedimento e pude testemunhar o incrível momento de uma nova vida chegando ao nosso mundo. Ele *pesava 2,9 quilogramas, mais que o dobro do peso do meu primeiro filho, e, um ano depois, é um bebê forte, saudável, doce e belo.*

Gordon, obrigada pela paz trazida à minha mente e, portanto, por nosso belo presente.

Tenho uma fotografia daquele bebê em meu computador. Nela, a criança está com um ano, seus olhos azuis estão brilhantes e seu sorriso é maior que tudo o que se possa imaginar. Usa um boné de beisebol e seu nome é Seb. Mantenho a imagem em minha tela para lembrar que o dom que recebi não serve apenas para falar com os mortos, mas também para ajudar os vivos.

o———————o

Falar sobre Seb lembrou-me uma mensagem que dei em São Francisco, a qual também mudou uma vida.

A primeira vez que fiz uma demonstração de mediunidade em São Francisco foi para uma sala lotada, com cerca de mil pessoas. É muito difícil distinguir os rostos das pessoas numa multidão assim, de modo que, quando voltei no ano seguinte e fui abordado por uma mulher e seu companheiro que me agradeciam por tê-la feito engravidar, não tive a menor idéia do que estavam falando!

Como a maioria dos médiuns em atividade, não guardo lembranças da maior parte das informações que chegam através de mim. Ocasionalmente, determinada pessoa ou mensagem permanece em minha mente por um breve período e posso verificar depois que a mensagem ou situação pode vir a ser útil para ajudar outros com problemas similares. Mas, em geral, o médium passa as informações para o receptor e então segue adiante para a próxima mensagem.

Em São Francisco, o casal que me cumprimentou no fim da demonstração se apresentou como Karen e Don. Disseram que tinham vindo me ver no ano anterior e desde então suas vidas mudaram muito. Embora eu não quisesse arrefecer o visível entusiasmo deles, tive de dizer que realmente não conseguia me lembrar da mensagem que eles tinham recebido.

Isso pareceu não incomodar Karen, que mostrou sua barrigona e disse: "Veja!" Devo confirmar que era difícil não ver. Ela devia estar no mínimo no sexto mês de gravidez. E não precisava ser paranormal para notar isso.

Ela imediatamente me contou da mensagem recebida no ano anterior, enviada por sua mãe, que viera do mundo dos espíritos: dizia que ela faria uma consulta numa clínica de fertilidade duas semanas depois, porém, não teria que seguir o tratamento.

Sua mãe tinha morrido menos de um ano antes e Karen andava desesperada por algum contato, pois se sentia muito deprimida com a perda, além de ter tido três gestações interrompidas durante a longa enfermidade da mãe. Queria saber se sua mãe, de alguma forma, poderia ajudá-la "do outro lado" a conceber.

Don disse não saber mais o que fazer, pois sua companheira estava obcecada pela idéia de engravidar e de procurar ajuda paranormal na esperança de contatar sua amada mãe no outro mundo. Ele parecia ser um homem muito paciente e, obviamente, amava Karen e desejava ajudá-la a qualquer custo. Assim, ao ver um anúncio dizendo que eu estaria na cidade deles, imediatamente comprou ingressos.

Naquele momento, Karen não se conteve de novo e retomou a história. Disse que soube que sua mãe estava lá no momento em que perguntei se havia alguém na platéia que conhecia uma mulher falecida chamada Nancy, pois ela estava tentando entrar em contato com a filha que acabara de fazer aniversário naquela semana.

O aniversário de Karen tinha sido na véspera da demonstração e o nome da mãe dela era Nancy. Através de mim, essa mãe prosseguiu, explicando como morrera e fornecendo detalhes sobre os membros da família que encontrara do outro lado. Karen confirmou tudo. Porém, o que ela não podia entender na época era a mensagem de sua mãe de que ela não teria de fazer o tratamento de fertilidade. Isso era difícil de aceitar, disse-me, porque estava encarando a situação somente de maneira negativa. O medo dela era a clínica dizer que não teria condições de seguir com a gravidez, que ela e Don teriam de optar pela adoção. E isso era algo em que realmente ela não queria pensar, pois estava se sentindo exausta após todas as gestações interrompidas e devido à morte da mãe por câncer, muito difícil para ela e o restante dos familiares.

A verdadeira mensagem, porém, disse, era que ela faria a tal consulta e não precisaria de nenhum tratamento. Sua mãe também disse que teria notícias muito boas em dois meses – notícias que mudariam sua vida pra sempre e a ajudariam a prosseguir. Por considerar-se sem chances de conceber um filho sem a ajuda de um tratamento de fertilidade, Karen pensou que as boas notícias estavam relacionadas à adoção.

Então, quando visitou a clínica quinze dias depois, um plano de tratamento foi oferecido a ela, de modo que descartou completamente a mensagem vinda de sua mãe. Tinha sido ótimo saber de sua mãe, mas o fato de iniciar o tratamento para fertilidade a pôs em dúvidas quanto à mensagem.

Nas seis semanas subseqüentes à primeira visita à clínica, Karen e Don foram instruídos a fazer certas mudanças em suas vidas para ajudá-los física e emocionalmente antes de o tratamento começar.

Porém, oito semanas depois do recebimento da mensagem da mãe, Karen começou a se sentir diferente e a suspeitar de que estivesse grávida. Uma visita a seu médico confirmou a suspeita, justamente antes de começar o tratamento de fertilidade.

A mensagem de Nancy de que Karen "teria notícias que mudariam sua vida para sempre em dois meses" estava se tornando realidade e, mais que isso, ela sabia exatamente o que sua mãe quisera dizer sobre "não ter de seguir o tratamento". Para o casal foi uma dupla vitória! Não só tinham feito contato com o mundo dos espíritos, como Nancy pudera lhes dizer que o tão ansiado sonho de começar uma família estava em vias de acontecer, e de maneira natural.

Na época em que Karen e Don vieram me ver novamente, ela já havia passado por todos os estágios perigosos em que perdera o bebê no passado, e mãe e filho passavam bem.

Karen passou a acreditar que ela e sua mãe estavam conectadas de novo, assumindo a gravidez juntas. Como disse:

— Saber que minha mãe está zelando por mim e o bebê que cresce aqui dentro me deixou forte o bastante para trazer esta nova vida ao mundo.

Muitas pessoas ficam jubilantes quando alguém que amam aparece em um dos eventos, mas às vezes ficam muito inibidas ou confusas para reagir e deixam de se manifestar. Em geral, posso perceber quando isso está acontecendo, mas se a pessoa não se apresentar não há nada que eu ou o mundo dos espíritos possa fazer.

Wendy Whittle, uma aquarelista sul-africana, foi um caso assim – ao menos a princípio. Ela me viu quando apareci na tevê sul-africana em 2004, no *Three talk with Noleen*, do SABC3. Wendy nunca pensara muito sobre médiuns e paranormais. Mesmo tendo crescido num lar espírita e freqüentado escola dominical e igreja espírita, ela nunca quis saber de comunicações com espíritos. Mas, naquele dia de 2004, algo a fez assistir ao programa de Noleen.

Contou-me posteriormente que, quando o programa acabou, o que eu dissera não lhe saía da cabeça, e alguma força desconhecida a fez reservar um lugar em meu evento naquele fim de semana. Quando se sentou no auditório, perguntou-se que raios estava fazendo ali. Ainda era uma cética e sua família ficara um tanto surpresa, porém achara divertida a idéia de ela ter ido. Algo lhe dizia que ela devia estar presente.

Depois do intervalo, já ia bem avançada a segunda parte quando recebi a mensagem de uma mulher que falecera devido a uma obstrução na garganta. Ela não pudera se despedir da família e isso a perturbara profundamente. Queria desesperadamente dizer à família que estava bem e "inteira", capaz de se comunicar com facilidade de novo. Na platéia, Wendy ouviu a mensagem e seu coração se sobressaltou e acelerou. Sentiu que aquela era sua mãe. Ela estivera em respiração assistida quando falecera e um tubo endotraqueal bloqueava sua garganta. Havia tentado muito falar com Wendy nos intervalos em que recobrava a consciência, mas não teve como fazê-lo, pois logo após a perdia.

No entanto, em vez de se levantar, Wendy continuou sentada, em silêncio. Ela simplesmente não podia aceitar: "Não. Não é uma mensagem para mim", dizia a si mesma, cruzando fortemente os braços.

Eu, do palco, percebi isso e disse: "Não será esta mensagem para a senhora com os braços cruzados?"

"Não!", foi a enfática resposta de Wendy. Então não tive escolha a não ser seguir a sessão adiante, com outras pessoas.

Wendy deixou o auditório com a mente num torvelinho. Seu coração dizia: "Era mamãe!" e sua cabeça dizia: "Não, não era!"

Por meses ficou com o incidente na cabeça. Então um dia soube, sem a menor dúvida, que sua mãe estava tentando entrar em contato com ela e que definitivamente devia receber sua mensagem.

Eu já tinha partido da África do Sul, mas Wendy começou a estudar o mundo dos espíritos sob todos os aspectos, lendo tudo o que podia sobre desenvolvimento espiritual. Porém sua família não compartilhou seu interesse e entusiasmo, e, embora o coração de Wendy dissesse "Isso é certo e verdadeiro", sua cabeça ainda relutava: "Por que ninguém mais na minha família, além de mim, acredita nessas coisas? Talvez, afinal, eles estejam certos. Talvez eu só esteja imaginando que esse é o caminho certo". Havia momentos em que se sentia desanimada. O caminho espiritual parecia muito solitário e as dúvidas se insinuavam.

Então, em 2006, para seu absoluto deleite, leu na revista *Odissey* que eu ia visitar de novo a África do Sul. Foi uma das primeiras a reservar lugares no Sandton Convention Centre para 18 de agosto. Antes do evento, rezou fervorosamente pedindo que aquela noite trouxesse a confirmação de que ela estava no caminho certo em seu desenvolvimento espiritual. Quem melhor, raciocinou, para confirmar isso, se não o próprio mundo dos espíritos?

Naquela noite, Wendy e um primo assistiram fascinados à primeira metade da demonstração, porém sem receber nenhuma mensagem. Mesmo assim, ela não se mostrou preocupada. A primeira metade da noite parecia reservada àqueles que tinham perdido entes queridos recentemente, de forma trágica e súbita, e precisavam muito de consolo quanto antes. Wendy simplesmente sabia que algo aconteceria para ela na segunda parte.

E não ficou desapontada. Logo após o intervalo, começou a sentir leves toques em sua testa e bochechas, um pouco como teias de aranha, e então a atmosfera em torno dela ficou muita densa e quente. Wendy começou a suar e teve de se abanar com um leque. No palco, eu disse:

– Sra. Jones – alguém chamado sra. Jones está entrando em contato.

Wendy soube no mesmo instante que era sua avó materna. Ela prossegue a história:

O momento que se seguiu foi absolutamente maravilhoso. Vovó sempre era chamada de "sra. Jones" por todos, não pelo primeiro nome, que ela reservava só para a família e os amigos mais íntimos. De modo que ela esperaria que um homem jovem como Gordon se dirigisse a ela como "sra. Jones"! Ela mencionou a família e amigos pelos nomes e não havia como duvidar de que realmente era ela. Gordon a viu como a figura matriarcal de uma família muito grande, e era assim que eu e o restante da família nos lembrávamos dela.

Ela mencionou meu marido, David, pelo nome e me deu uma mensagem correta e divertida relacionada a ele. Falou de ter estado comigo quando recentemente comprei um cristal numa loja – algo que eu fizera algumas semanas antes. Mencionou minhas aquarelas e prometeu me ajudar com elas, para que eu pudesse produzir algo realmente especial. Eu havia tido um bloqueio de idéias para ilustrar o livro em que estava trabalhando, mas agora novas idéias estavam vindo a minha mente o tempo todo e sei que quando me sento em meu ateliê meus pincéis estão sendo guiados!

Também mencionou nossa família no Canadá e as habilidades paranormais dela. Em vida, era galesa e espírita. E então – algo muito importante – me disse que eu estava no caminho certo com meus estudos. Essa era uma resposta direta à questão que eu fizera em minha oração antes de ir ao evento – palavra por palavra! Ela disse que eu herdara suas habilidades paranormais e que o véu entre os dois mundos estava ficando mais fino, o que acredito que esteja. Isso foi a melhor confirmação possível. Quando a energia de minha avó se retirou e Gordon seguiu adiante com o evento, lágrimas de gratidão, alegria e alívio vieram aos meus olhos. Agora me sinto segura, progredindo na direção certa, apesar do que os descrentes dizem. Minha compreensão espiritual tem crescido aos saltos todos os dias.

Não há palavras para agradecer a Gordon por essa mensagem que ele me passou do mundo dos espíritos.

Essa mensagem veio alta e clara e quem a recebeu estava esperando por ela. Mas nem sempre é assim. Algo extraordinário ocorreu durante minha estadia na África do Sul quando eu participava de um programa de televisão ao vivo. Tinha sido persuadido a fazer aquelas leituras ao vivo e de repente tive uma sensação esquisita; me ouvi dizendo ao apresentador: "Você vai perder suas câmeras em um segundo." Eu estava captando isso de um menino que andava ao nosso redor, no mundo dos espíritos, querendo atenção. Procurava o irmão e ao mesmo tempo pedia para falar com seus pais.

De qualquer modo, realmente naquele momento a energia acabou. E lá se foram luzes e câmera. Enquanto eles punham tudo para funcionar novamente, eu disse ao espírito do menino: "Ok, filho, farei o que puder. Apenas me passe os nomes". Ele me deu nomes e o pessoal da tevê procurou os pais dele por telefone – estávamos na tevê ao vivo, lembre-se. Então, sua mãe telefonou e disse: "É de meu filho que você está falando". Assim, com os pais do menino em viva voz da casa deles, eu passei a mensagem do menino e aconteceu que era o primeiro aniversário do falecimento dele, se me lembro bem. O menino deu aos pais montes de informações e naturalmente eles ficaram atônitos, mas o que me surpreendeu foi como ele conseguiu obter a atenção das pessoas fazendo a rede elétrica ficar interrompida por um breve momento.

Porém, minha visita à África do Sul não era apenas para passar mensagens em demonstrações públicas. Tinha ido lá levantar fundos para uma boa causa – a Noah Foundation, uma instituição de caridade que atende a crianças que ficaram órfãs por causa da Aids materna e que não raro também são portadoras da doença. É um trabalho de cortar o coração, pois você fica cercado por privações e, sendo somente uma pessoa, simplesmente não tem os meios de fazer com que todos fiquem bem, embora sua reação inicial seja a de que precisa fazer alguma coisa. Trouxeram-me um belo menininho de apenas três anos que tinha sido encontrado alguns dias antes aninhado junto ao corpo da mãe, que morrera de Aids.

A experiência revelou-se ser do tipo pela qual tenho razões de sobra para agradecer. Para nossos padrões, aquelas crianças não tinham nada – não havia nem mesmo camas; as crianças dormiam no chão de concreto até a editora Hay House comprar-lhes alguns colchões. Mas tenho de dizer que minha reação inicial de horror, devido às circunstâncias, estava errada: logo descobri que, embora houvesse muito pouco que eu podia fazer por eles, eles puderam fazer muito por mim. Ensinaram-me uma grande lição. É fácil demais ser derrotista ao enfrentar situações desse tipo, até mesmo se pôr a chorar. Agir assim não é só uma perda de energia, é perder também os valiosos ensinamentos que uma experiência desse tipo proporciona.

O que me impressionou acima de tudo foi que essas crianças tinham um espírito fantástico. Mesmo que vários deles não tivessem muito tempo para viver e – de novo de acordo com nossos padrões – muito pelo que viver, eram pessoinhas felizes, sorridentes e animadas, e me forçaram a refletir quão egoísta o restante de nós pode ser.

Pensei que eu tinha ido para lá por eles, mas a mensagem era *deles* para *mim*. Não havia nada que eu pudesse fazer para curá-los ou mesmo para eliminar seu sofrimento, mas essa não era a resposta para o problema com o qual eu me defrontava. Encarando a situação como um médium, podia ver que eles estavam bem-preparados para a etapa seguinte de sua vida, que não seria percorrida neste mundo. Eram ensinados, em grupos, sobre HIV, Aids e morte do mesmo modo como crianças normais apredem o abecê. E seguiam em frente com o que tinham, cantando, rindo e dançando.

Quando assistimos aos programas para levantar fundos, como *Comic relief* e *Children in need* – todos muito valiosos, não me entendam errado –, são mostrados *clips* que nos deixam tristes. É a função desses programas, para que esvaziemos nossos bolsos. Mas, quando você vai à África do Sul e vê crianças com Aids, não há como não ficar comovido com o espírito altruísta deles. Superaram o que para nós seria um peso – o "fardo" da morte, que um dia chegará para todos. Essas crianças são uma nítida prova de que há vida após a morte. A morte, na realidade, não pode atingi-las. Elas perderam tudo – pais, família, amigos, lar – e, no entanto, são um excelente exemplo do que há de melhor no espírito humano. Não precisavam de mensagens minhas, não precisavam ser convencidas de que a morte não é o fim da vida.

Estava pensando sobre isso durante uma demonstração nos Estados Unidos, ocasião em que me deparei com uma mulher obviamente vinda de um estrato privilegiado da sociedade. Estava provavelmente perto dos trinta anos e era muito bonita, com longos cabelos louros. Na aparência, com uma vida toda pela frente, no entanto, tudo o que conseguia expressar era infortúnio:

– Por que não posso ser feliz? Por que ninguém me ama? Por que estou tão sozinha?

Eu disse a ela que a resposta era clara: ela não amava a si mesma. Por que, perguntei, estava desistindo de tudo?

– Não estou, é todo mundo que está desistindo de mim! Meu

marido me abandonou, não consigo arrumar um namorado, minhas irmãs não querem saber de mim...

Enquanto ela se lamuriava, tudo em que pude pensar foi nos rostinhos felizes daquelas crianças desafortunadas (desafortunadas?) da África cantando para mim com todo o coração um coro *gospel*, cantando "a cappella" com o maior brio que conseguiam.

Ali estava aquela mulher que aparentemente tinha tudo, mas queria mais, mais e mais, enquanto tudo o que as crianças em minha mente queriam era segurar minha mão. O tema do seminário em que ela aparecera era "Eu consigo" e aplaudi a sua coragem de ter viajado certa distância para participar dele. E, no entanto, ela viera com aquela atitude tão negativa. A muher representava apenas um enorme buraco aberto, sugando tudo o que podia ao redor, sem nada dar.

Minha experiência com as crianças na África é uma lição que acalentarei o resto da minha vida. Com certeza me fez dar valor ao que tenho na vida. Também me ajudou a ver quanto é importante esta vida – não importando quem você seja ou em quais situações se encontre. Devo dizer que foi uma das mensagens que mais "mudou minha vida" até agora.

Com o passar do tempo, espero conseguir passar para pessoas como aquela jovem o benefício da rica experiência que minha vida me deu, ou seja, o benefício de ajudar as pessoas a entenderem que estamos aqui para aprender, para nos expandirmos antes de seguir adiante. As crianças de Noah comoveram-me tanto que eu quero dedicar tempo e energia ajudando-as e chamando a atenção do maior número de pessoas que eu conseguir para sua pobre sina.

Mesmo quando a morte está próxima, a vida pode ser vivida com espírito.

Encontrando aqueles que precisam mais

Há algumas mulheres realmente especiais em minha vida e uma delas é Kate Terry, uma dama galante que me ajuda a montar minha coluna semanal para a revista *Best*. É Kate quem analisa as cartas das pessoas que desejam me ver e decide quais são as que mais precisam disso. Para verificar suas escolhas iniciais, passa até duas horas falando ao telefone com elas para garantir que está trazendo para mim apenas casos genuínos de luto. Ela também as conduz à suíte do hotel em Kensington, onde faço minhas entrevistas particulares semanais. Após reassegurá-las de que não sei *nada* sobre suas vidas particulares, ela as traz à sala, onde as sessões são gravadas – tanto para o benefício das pessoas quanto da revista *Best*. E, então, chora quando mais tarde transcreve as gravações.

Bem, Kate é uma mulher que nada sabia sobre mediunidade antes de vir trabalhar comigo, e prefiro que seja assim. Ter dado o emprego a alguém que tivesse uma longa experiência no assunto seria arriscar que um espírito *blasé* insinuasse: "Ah, já ouvimos isso tudo antes". Além disso, a integridade absoluta de Kate garante que erros nunca aconteçam. Um deslize descuidado que me permitisse saber um único detalhe do que devo captar no mundo dos espíritos invalidaria o meu trabalho e tornaria motivo de zombaria o dom precioso que recebi.

Se não fosse por Kate, eu jamais teria encontrado Carol...

Se existe alguém que realmente precisou de uma mensagem para mudar a vida, esse alguém foi Carol, de Maidenhead. Após dolorosos seis meses doente, com câncer na garganta, seu marido Shuja faleceu, em abril de 2002. Apenas dezesseis meses depois, sua filha mais velha, Rana, foi assassinada pelo ex-namorado, que a esfaqueou dezesseis vezes enquanto ela falava no celular com a polícia, denunciando-o por assédio.

Por quanta tragédia pode passar uma mulher em tão pouco tempo? Que mensagem de alívio os espíritos poderiam ter passado para alguém que sofrera tanto?

Kate, claro, conhecia a história, mas, como parte de nosso estrito código de conduta, nada me dissera quando trouxe Carol a minha porta.

Sem qualquer demora, pude contar a ela que sua filha mais velha estava conosco. Pude ver a menina acariciando a fronte de um cavalo e sorrindo belamente. Ela transmitia uma poderosa energia que muitos devem ter sentido naquele momento.

– Ela está cercada de animais – eu disse. – A avó dela está junto, mas há um homem dizendo à velha senhora para deixar que a menina venha. "É a vez dela, deixe-a passar", diz suavemente.

Podia ver agora que eram pai e filha e nos minutos seguintes deixaram claro para mim que queriam que Carol soubesse como estavam felizes, seguros e livres de quaisquer problemas.

– Seu marido está me conduzindo ao verão passado – informei. – "Estive com você dando toda a ajuda que pude", ele diz. Há uma foto na sala e ele comenta: "Sim, eu sei que você fala comigo". Mas é na cozinha que tudo acontece: "Encosto na parede e fico olhando para você", continua. Ele ficou assombrado com sua força, se não tivesse sido assim ele não teria conseguido enfrentar.

Carol me explicou que desde a morte de seu marido ela se incomodava com a idéia de tê-lo forçado a viver aqueles últimos meses, pois tinha esperanças de que conseguisse superar a doença. Sentia-se emocionada ao ouvir a mensagem de que ele estivera lá o tempo todo a ajudando. E o grande evento do verão anterior a que ele se referia era o casamento da filha mais nova deles, Gemma.

– Estou tão contente que ele estava comigo – disse Carol. – E, sim, é verdade, falo com a fotografia dele. A cozinha é o centro da casa, onde costumávamos conversar. Teria adorado se Shuja dissesse mais coisas a mim, mas, como ele informou na sessão, era a vez de Rana.

– Sua filha ama cavalos – eu disse a Carol. – Um em particular. Está me mostrando uma foto dela quando criança; era uma moleca. "Tive uma boa vida", diz. Ela não quer falar sobre o terrível evento que causou sua passagem para o outro lado. "Para quê?", questiona-se. Ela quer que você olhe para a vida dela, não para a sua morte.

– Este é um sentimento que repito volta e meia quando passo mensagens vindas do outro lado.

Tudo o que ela disse sobre o assassino que a assediara foi: "Seus olhos me fitavam". Ela sabia que corria perigo e tentara fazer algo, mas certas coisas acontecem, simplesmente não podemos prever.

– Ela não estava com medo – disse eu. – Ela quer que você saiba.

Fiquei sabendo depois que Rana estava levando seu cavalo Toby de volta aos estábulos, quando o horrível crime – pelo qual o ex-namorado depois foi condenado – ocorreu.

– Decidi ficar com Toby – disse Carol. – Ele foi minha salvação. Limpo seu estábulo todas as manhãs e estar com ele me faz sentir mais próxima de Rana. Eu só espero que ela ache que estou fazendo um serviço razoável! – concluiu, com um sorriso tristonho.

– Está muito orgulhosa pelo modo como você está enfrentando e lidando com tudo – pude assegurar-lhe.

Como mais uma prova, Rana entregou-me um brinquedo macio.

– Tenho parte da mobília de Rana em minha casa – Carol respondeu. – No quarto que eu digo ser de Rana, há uma macia girafa de brinquedo que sua melhor amiga, Emma, comprou para ela.

– Posso ver um campo – disse eu. – Seu marido e sua filha estão lá com um cachorro. Eles caminham junto com você, de modo que

Mensagens Inspiradoras

nunca está sozinha. "Há dias melhores e piores", Carol me escreveu mais tarde. "Mas saber que Shuja e Rana estão à minha volta me ajudou muito. Obrigado, Gordon, por ter me certificado disso."

○────○

Por alguma razão, a maioria das pessoas que reúnem coragem para entrar em contato com seus entes queridos é mulher. De modo que fiquei ligeiramente surpreso quando certa vez Kate trouxe um homem à minha sala. Ele estava nitidamente atormentado, o que, no caso de homens, é em geral sinal da perda de um filho. Mas não foi um filho que veio e sim um outro espírito adulto, masculino.

Eu disse ao homem que estava recebendo a visita de alguém que dizia ser "extremamente íntimo de você."

– Uma coisa eu posso dizer – comecei. – É que vocês dois... bem, é como se fossem uma única pessoa.

Ele nada comentou, mas seus olhos se encheram de lágrimas.

– Diz que seu aniversário é muito significativo para ele e parece estar falando que vocês dois eram do signo de Gêmeos.

Não obtive resposta, ainda.

Nesse momento tive de ser franco, pois franca era a mensagem que eu estava recebendo:

– Ele diz que pode sentir a sua dor, mas quer que você deixe o túmulo. Deixe de ir ao túmulo, você está segurando-o na terra. Ele diz que você visita o túmulo dele todos os dias.

Então houve uma reação.

– É verdade. Desde que ele morreu não abandonei o túmulo. Vou lá todos os dias. Estou obcecado.

O espírito então me deu mais informações surpreendentes:

— Ele diz que vocês compartilhavam uma bicicleta, que dividiam tudo. Ele até me deu um nome de rua e o número de uma casa.

— Sua partida foi recente e você ainda sente a presença dele, mas ele não consegue chegar claramente a você porque todo dia você o leva de novo ao túmulo e o enterra novamente. Você precisa vê-lo vivo, como ele era. Agora está me dizendo que vocês fazem aniversário no mesmo dia. Isso é verdade, vocês dois nasceram no mesmo dia?

— Sim — confirmou. — Nascemos. Éramos gêmeos idênticos.

Na outra sala, a mulher dele aguardava. Ela disse a Kate que o luto obsessivo de seu marido a estava preocupando muito. Se ele não conseguia aceitar o conselho dela para deixar para trás o túmulo, esperava que tivesse aceitado o de seu amado irmão. E, se alguém precisava de uma mensagem para mudar a vida, era ele.

Midge Noding, de Maistone, Kent, foi outra pessoa que Kate trouxe para me ver. Quando nos conhecemos, vi uma mulher alegre no auge da vida, com cabelos ruivos, olhos amigáveis e um sorriso acolhedor. Jamais teria adivinhado que ocorrera uma tragédia em sua vida e que sua aparência despreocupada escondia na verdade um coração pesado.

Quando peguei a mão de Midge senti um jovem aparecer na sala e percebi que ele não teve a chance de viver sua vida.

— Foi interrompida muito cedo — eu disse a Midge. — Ele está perto e apenas gostaria de tocá-la. Está aqui e você tem consciência disso, pois coisas acontecem pela casa. Acabo de vê-lo sorrindo, ele sorria muito. "Foi assim que passei para o mundo dos espíritos, causando muita dor", ele está dizendo.

O que eu não sabia é que estava em contato com o filho mais novo de Midge, Steven. Midge e seu marido Jim ficaram acabados quando ele morreu num acidente de carro, em 1989. Ele tinha apenas dezenove anos.

Sem saber disso, continuei a falar com Midge:

– Ele está me levando para um quarto de dormir. É onde está. Há momentos em que fica observando-a. Há música tocando no ambiente e ele está tentando transmitir pensamentos para sua cabeça: vocês têm uma conexão espiritual. Ele está cantando e me levando para o mês de dezembro; algo relacionado ao Natal tem um significado especial. Uma parte de você sabia que não o teria por muito tempo. Ele está com a avó. Sinto como se ele abraçasse as pessoas. Sabia amar os outros, tinha uma qualidade especial.

Depois, Midge me contou que eu captara a personalidade de seu filho com perfeição.

– Ele era doce e sorria o tempo todo. Compartilhávamos o mesmo gosto musical, ele tocava e eu cantava junto com ele. Por isso a música no ambiente. Quanto a dezembro e o Natal, Jim e eu não quisemos mais passar o Natal em casa desde que Steven faleceu. No ano passado fomos para o Egito. Quanto a "uma parte de mim sabia que não o teria por muito tempo", bem... eu costumava sonhar com o funeral dele muito antes de sua morte.

Mas a vida reservara mais tragédias para Midge e Jim. Após a morte de Steven, seu irmão mais velho, Anthony, ficou devastado pela culpa. Sentia que devia ter morrido no lugar de Steven. Começou a usar drogas e a beber, então Midge e Jim passaram a viver com o medo de alguém bater à porta trazendo a notícia de que Anthony também morrera. Em julho de 2004, o pior pesadelo tornou-se realidade; ficaram sabendo que seu filho mais velho de fato morrera. No espaço de quinze anos eles tinham perdido os dois preciosos filhos.

Eu não sabia de nada disso quando disse a Midge que havia dois homens se alternando diante de mim. Eram completamente diferentes um do outro, mas davam a impressão de ser um só. Então me dei conta de que eram os filhos dela e que um deles morrera fazia apenas dois anos.

– O filho que morreu dois anos atrás está dizendo: "Desculpe, mãe". Ele nunca quis magoá-la. Sabia pelo que você tinha passado – eu disse a Midge. – Ele lutou um pouco, mas agora está livre e bem. Enquanto isso, seu irmão estava aguardando na passagem para o outro lado. Ele está mandando lembranças a David e falando sobre um certificado que Steven tem. Posso ouvi-lo rindo estrondosamente. Um cartão escrito a mão é importante. "Diga a Paul que perguntei por ele e mencione o carro", diz. Está me mostrando um chapéu. "Dê a ela, e então ela saberá que sou eu", está dizendo. "Pergunte a ela sobre minha camiseta." Ele diz que é dele. Quero raspar meu cabelo. Há um aniversário em outubro e ambos os filhos estarão muito próximos a vocês nessa data.

Estão mandando lembranças para Simon e Jackie e para Will ou William. O filho com cabelo curto a abraça e diz: "Não fui embora". Basta você abrir uma porta e imaginá-lo ali e lá ele estará.

Estão me levando a um jardim e me entregando uma rosa de cabo longo. Você é uma pessoa especial por ter sobrevivido ao que passou.

Midge estava atônita.

– Por onde começar? Eu tenho um sobrinho chamado David. Meu irmão Paul acabou de comprar um carro novo. Simon é meu sobrinho e Jackie, uma amiga minha. Eles têm um tio, Bill, que deve ser o William. Steven se orgulhava muito de seus certificados GCE e os tinha pendurado em seu quarto. Eu achei só um cartão seu, e, no entanto, ele escreveu montes deles. Tenho alguns de Anthony. Steven usava um boné e Anthony raspara a cabeça.

— E quanto à camiseta? — lembrei.

— Esperava que ele tivesse se esquecido dela! É uma coisa velha e horrível que Jim ainda usa em casa! Meu aniversário é em outubro e eu sempre saio no jardim e converso com os meninos. Tenho que lhe agradecer, Gordon. É tão reconfortante saber que eles estão juntos e na companhia de minha mãe, Clarrie. Só gostaria que estivessem aqui para me darem eles mesmos essa rosa.

o———o

Como Midge, são muitas as pessoas que Kate me traz e todas tiveram de enfrentar uma grande tragédia em suas vidas. Uma delas foi Maggie Levendoglu. Lembro-me bem do nosso encontro; era uma atraente mulher de cerca de quarenta anos, morava em Horley, a cidade em Surrey que acabou se tornando um subúrbio do aeroporto de Gatwick. Ela me contou como sua neta de três anos de idade, Lauren, conversava regularmente com seu pai Dave, o filho de Maggie, que morrera num acidente de carro.

Maggie adorava Dave, que ela descrevia como um "menino maravilhoso". Ele tinha um bom emprego no aeroporto e um ótimo círculo de amigos; o melhor deles era Richard. Dave estava noivo de uma "garota adorável", Kelly, e, claro, haviam tido Lauren, que Dave idolatrava, assim como. "Ele era um ótimo pai", Maggie lembrou.

Quando conheci Maggie, Dave era apenas uma lembrança de uma noite trágica em fevereiro de 2006, quando houve um acidente com o carro que Richard dirigia, matando os dois. Dave tinha apenas 26 anos.

Mas haveria mais tragédia por vir. Quando o acidente ocorreu, Richard acabara de ser pai novamente, mas dez semanas depois sua filha faleceu de morte súbita.

Embora seu filho estivesse morto, Maggie tinha certeza de que, de alguma maneira, ele ainda estava por perto. E havia mais: Lauren, de apenas três anos, com freqüência via e conversava com o pai, fato que contava a Maggie naturalmente. As crianças pequenas costumam ter a mente muito mais aberta para essas experiências.

Maggie nunca foi de escrever poesia ou algo assim, mas agora, com freqüência, quando estava guiando seu carro, um poema aparecia em sua mente e ela o escrevia. Estaria Dave mandando a ela as poesias que escrevera? Maggie tinha certeza de que sim.

Os amigos diziam que as coisas iriam ficar mais fáceis com o tempo, porém, quando a encontrei, a lembrança de Dave ainda estava forte e presente em sua mente. Por mais que ela tentasse ficar feliz por seu filho estar num lugar melhor, era difícil impedir as lágrimas brotarem.

Como sempre, eu nada sabia da história de Maggie quando nos conhecemos. Mas assim que peguei a mão dela um jovem se aproximou de nós. Captei o nome "David" e entendi que ele era o filho de Maggie, e que ainda não tinha passado o primeiro aniversário de sua morte. Disse a Maggie que ele não queria falar sobre como morrera, mas que não estava doente ou sofrendo, e "vovô" estivera lá para recebê-lo.

Assim que eu disse o nome "David", Maggie soube que seu filho estava lá. Todos o conheciam como Dave – quer dizer, todos menos ela. Para ela, ele sempre fora David. E "vovô" era o pai dela, que morrera em 2004. Ele e o neto haviam tido suas divergências quando David era adolescente, mas recentemente tinham se tornado grandes amigos e parceiros de golfe.

Maggie já estava se sentindo melhor. Mas ainda havia mais.

– David está dizendo que adora a fotografia que você escolheu. É especial – eu disse a ela. Ele falou também de outras fotos, uma em que está com cabelo comprido, que o fez rir, e uma em que usa uniforme e um quepe.

Maggie sabia exatamente do que ele estava falando.

– Estão numa alcova! – exclamou. – Há a fotografia da escola, quando ele tinha cabelo comprido. E a de uniforme é de quando era escoteiro. Ele detestava aquele quepe.

Depois, David me mostrou uma placa em sua memória com uma bela homenagem, e então uma árvore especial, que pareceu fazê-lo sorrir.

Maggie explicou:

– Ele trabalhava para a BAA, no Gatwick, e eles fizeram uma placa em sua memória. E no clube de golfe, onde ele costumava jogar com meu pai, plantaram uma árvore em homenagem a ele!

– Agora – contei a Maggie – ele diz que um dos últimos cartões que deu para você tem um significado especial. Está na gaveta.

Maggie ficou boquiaberta.

– Quando ele morreu, Kelly, sua noiva, foi retirar as coisas do carro e encontrou dois cartões de Dia dos Namorados, um para ela e outro para Lauren. Não era hábito dele ser previdente; talvez soubesse de algo. Sempre mantive os cartões numa gaveta.

– Por fim – eu disse – há alguém mais com ele no mundo dos espíritos: outra pessoa jovem. E outra mãe está chorando. Seu menino nunca teria magoado ninguém e ver os outros chorando o faz chorar. Ele realmente está tentando ajudar as pessoas.

Maggie me contou sobre Richard e sua filha de apenas dez semanas.

– É tão típico do David – ela disse. – O fato de querer me assegurar que está bem e querer ajudar as pessoas é tão típico dele! Você capturou a personalidade e os sentimentos dele com tanta exatidão!

Enfim, Maggie poderia abandonar o luto pelo filho. Ele está feliz, não está sofrendo e apenas deseja que ela seja feliz também. Agora ela sente-se segura para realizar o desejo dele. É assim que a mediunidade trabalha – assegurando aos que ficaram de que seus entes queridos estão num lugar de esperança e paz, livres do sofrimento deste mundo material. É uma sensação ótima dar fim a um sofrimento desnecessário. E, com freqüência, uma mensagem simples basta.

———o———

Às vezes as mensagens do outro lado são bastante breves, mas há casos em que tantos detalhes chegam a ser avassaladores. Veja o exemplo do pai de Toni Stefano, Ronnie. Quando ele veio para sua filha, a cena foi como um encontro inesperado entre dois amigos que ficaram distantes por muito tempo – duas pessoas que têm tanto para pôr em dia que uma acaba não deixando a outra falar.

Ronnie Stefano morreu subitamente em maio de 2005. Tinha apenas 41 anos. Toni, que vive em Dagenham, em Essex, tem 24 anos, de modo que ela e Ronnie eram tão próximos em idade quanto em afeição. Quando ele faleceu, ela ficou arrasada, sentiu a perda intensamente. O pior de tudo foi sua morte repentina não ter dado a ela nenhuma chance de dizer adeus. Obter qualquer mensagem dele, mesmo que breve, parecia terrivelmente importante para ela.

Quando me encontrei com Toni, não sabia de nada disso, claro, mas assim que peguei sua mão um homem com aparência jovem se apresentou. Senti que ele estava na casa dos quarenta, mas parecia bem mais novo, em parte por sua disposição jovial. Ele usava um bracelete e senti que se tratava de algo especial.

Quando eu disse a Toni, ela ficou imediatamente entusiasmada:

— É meu pai, decididamente. Ele sempre usava braceletes. Eu ainda os tenho!

Agora Ronnie estava dizendo que precisava dar a sua filha a mensagem de que não estava sofrendo. Sabia que Toni não estava dormindo bem e conversava com ele de madrugada. Ele queria dizer que quando ela fazia isso ele estava lá, sentado ao seu lado.

— Ele sabe sobre o computador — eu disse a Toni. — Você compilou alguma coisa. Posso ouvir música tocando.

— Fiz um *website* musical como um tributo ao papai — Toni explicou. Mas, antes que ela pudesse dar detalhes, Ronnie voltou com mais notícias.

— Ele está sendo realmente tolo — eu disse à filha. — Está tentando lembrar-se de si próprio "aprontando" em vida. Ele vê uma simpática foto em que carrega você no colo, quando ainda era bebê, e uma outra menor dele sozinho, uma graduação acadêmica, viajando, um passaporte sendo carimbado, uma tatuagem, um violão, duas casas, dois lares. Consigo ver um cartão engraçado de Dia dos Namorados, placas de carro sendo descartadas. Ele está me dando nomes: Michael, Colin, David...

— É muita informação! — Toni exclamou. — A minha foto quando bebê está no quarto dele e a foto menorzinha está em minha bolsa. Ele gostava de tocar violão por farra. A menção acadêmica... estou realizando exames para ser professora de dança. Minha tatuagem é recente: são sapatilhas de balé. Acho que as duas casas são a minha e a da namorada dele. Ele veio morar comigo quando ficou doente. O cartão engraçado de Dia dos Namorados é o que ele mandou para minha mãe, Adele. Ele ainda tinha uma ótima relação com ela. As placas de carro pertencem ao meu namorado, Dave. Se papai as está mostrando sendo jogadas fora, deve significar que Dave vai passar no exame de motorista no mês que vem, então! Viajar, passaportes: é Chipre. Estamos comprando uma casa lá. Michael, Colin e David: Michael é o primo de meu pai, Colin e David, seus irmãos. O que mais?

— Bom — disse eu —, há alguém que também morreu jovem, com idade parecida com a de seu pai quando faleceu. E há um avô no mundo dos espíritos que tem problemas terríveis de respiração. Posso ouvir uma música de Mariah Carey: "Shining down on you from heaven".

— Papai perdeu um meio-irmão quinze anos atrás, quando tinha apenas 42 anos, de modo que é ele essa pessoa que morreu jovem — concluiu Toni. — Mas o que me impressiona é você estar captando meu avô. Era um Ronnie, também, e morreu de angina, que o deixava terrivelmente sem fôlego. E essa música da Mariah Carey sempre me faz lembrar dele.

— Seu pai tem uma mente tão ocupada — comentei. — Ele diz que tentava fazer muitas coisas num só dia, mas que nunca conseguia, nunca terminava tudo, e agora está embaraçado com a bagunça que deixou para trás. Ele não podia prever tudo.

Toni pareceu pensativa.

— Ele era um homem tão inteligente; tinha resposta para tudo. Sabe de uma coisa? Acho que isso representa ele fazendo uma piada. É tão típico dele!

O que Ronnie Stefano mais lamenta é que, se não tivesse morrido tão repentinamente, a jovem Toni poderia tê-lo conhecido como um amigo além de pai. Espero que depois desse nosso encontro ela tenha passado a pensar nele exatamente assim.

Confiando no espírito

Agora falarei sobre uma viagem em particular que fiz aos Estados Unidos. Inicialmente, hospedei-me e trabalhei no Venetian Hotel, em Las Vegas. Mais de sete mil pessoas compareceram ao seminário que um grupo composto por ambos os lados do Atlântico – incluindo Louise Hay, a fundadora da Hay House, editora que produziu a edição original deste livro – participou. O livro mais famoso de Louise, *Ame-se e cure sua vida*, chegou até cerca de quarenta milhões de leitores e mudou muitas vidas. Ela é uma mulher tão positiva e tão incrível; uma verdadeira inspiração para mim.

Foi exatamente antes desse seminário que estive em Malibu e conheci Shirley MacLaine. Mas a principal razão de minha viagem era participar desse evento fantástico, que Louise intitulara "Eu posso fazer isso" – uma asserção muito positiva para aqueles que gostariam de aprender a acreditar em si mesmos. Muitos dos autores da Hay House deram palestras fascinantes e inspiraram as platéias com seus próprios pensamentos filosóficos. Claro, o que me pediram era que eu desse oficinas e demonstrações de mediunidade, algo que adoro fazer nos Estados Unidos, pois sempre noto que as pessoas lá são muito receptivas em relação ao meu trabalho.

Quando eu estava me apresentando para a platéia durante minha primeira demonstração, explicando como a mediunidade funcionava, tive a estranha sensação de que alguém estava em pé atrás de mim. Às vezes sinto isso, particularmente quando os espíritos estão incrivelmente ansiosos para passar uma mensagem. Parei imediatamente e perguntei a meu guia se eu já podia começar a demonstração.

Eu mal começara a entrar em sintonia com o outro lado quando ouvi "Josh" em meu ouvido. Repeti o nome em voz alta e então ouvi outro sussurro dizendo o nome "Diane". De novo repeti o nome e, no mesmo instante, uma senhora negra no meio da platéia levantou a mão.

Percebi que eu estava falando espontaneamente.

– Seu nome é Diane e seu filho é Josh. Ele está aqui, vestindo um uniforme militar e você carrega uma foto dele vestido assim em sua bolsa. Quer que o irmão saiba que ele está bem e diz para ele parar de esbravejar e tocar a vida adiante, pois interrompera tudo o que fazia. Josh quer que ele volte a se ocupar com o que fazia antes de ele morrer.

Diane ficou muito aliviada ao ouvir aquilo. Contou-me que Josh morrera no Iraque oito meses antes, quando servia no exército. Tinha apenas 22 anos. Ela viera para o seminário com a única esperança de obter uma mensagem dele. Pegou a foto na bolsa e a mostrou para mim. Era um soldado muito bonito.

Diane disse que, quando Josh morreu, seu irmão ficou tão arrasado que acabou deprimido, abandonando os estudos. Era por isso que ela estava desesperada pela presença do espírito de Josh. Queria informá-lo sobre a situação deplorável do irmão. Ela esperava que o contato pudesse encorajar o filho mais novo a retomar a vida normal. Estava cheia de esperança. Registrara a mensagem num pequeno gravador que trouxera e iria mostrá-la para ele.

Não sei qual foi o resultado, mas para mim o aspecto especial dessa mensagem foi ver uma mãe que amava seu filho conectar-se a ele, pois morrera em outro país e por isso não tivera a chance de lhe dizer adeus. Casos como esse me fazem sentir quanto a mediunidade é importante. Quando alguém tem mais uma chance de se comunicar com alguém que ama, mas já faleceu, algo muito belo e benéfico ocorre.

Durante minha segunda demonstração, encontrei – como às vezes acontece – um homem que não tivera exatamente uma perda recente, mas tinha um enorme terror de morrer, um medo que o paralisava. Ele nomeava a isso "extinção externa". Por sorte, consegui dar-lhe algumas mensagens, que o transformaram em minutos. Saber com segurança que pessoas que conhecia e já tinham morrido podiam se comunicar com ele, fornecendo provas não somente sobre sua identidade mas também sobre a existência do mundo dos espíritos, fez desaparecer o medo que o acompanhava por tanto tempo.

Alguém me contou depois que ele fazia terapia há anos para tentar superar seu terror, porém sem resultado algum. Os psiquiatras são pessoas persistentes, esperam seus pacientes resolverem os problemas dentro de suas cabeças. Já eu posso ir direto ao ponto – meu tempo raramente supera meia hora. Quando o mundo dos espíritos me diz o que está perturbando um ente querido, passo adiante sem medir minhas palavras. E as pessoas raramente negam. Uma vez que o problema é identificado, pode ser resolvido.

Dois irmãos, que certa vez vieram me ver, foram embora levando uma mensagem muito diferente da que esperavam. Tinham perdido a mãe um ano antes e estavam atolados no luto. Não conseguiam parar de pensar na mãe e queriam muitíssimo saber se ela fizera a travessia com segurança para o outro lado e se estava feliz.

A mulher veio e assegurou-lhes sobre seu bem-estar, mas também deu o que seria melhor descrito como um "sermão afetuoso". Eles tinham uma irmã chamada Sally, ela me disse, que tinha uma filha adolescente portadora de uma grave doença. Os dois confirmaram tudo, dizendo que se preocupavam extremamente com o bem-estar da sobrinha – na verdade, um deles chorou abertamente e disse que não conseguia dormir de tão preocupado que ficava, pois a mãe da menina se recusava a lidar com o problema.

O espírito da mulher veio e foi inflexível. Disse que a doença podia ser curada, mas que iria continuar piorando se a mãe — a filha dela, portanto — não procurasse tratamento adequado para o problema.

Nesse ponto, o que percebi foi que a mãe da menina, que se recusara a vir me ver com seus irmãos, estava usando a doença da filha para conseguir mais atenção — além da proporcionada pelo luto — para si. Isso ocorre com mais freqüência do que eu gostaria de mencionar. Ela estava sofrendo por sua mãe, mas podia obter mais atenção dizendo: "Vejam como minha filha está doente".

A lição a ser aprendida aqui é que o luto pode trazer o que há de pior no ser humano se não soubermos lidar adequadamente com ele. Nada pude fazer além de mandar lembranças a Sally e sua filha doente, mas espero que os irmãos tenham conseguido convencê-la de que, como tudo estava bem com a mãe deles, o sofrimento poderia cessar, pois isso parecia representar a única chance de a filha dela ficar boa.

○───────○

As mensagens que recebo não são sempre para quem está em luto — podem ser, em algumas ocasiões, muito práticas. Meu finado amigo, o médium absolutamente brilhante Albert Best, sempre foi de grande ajuda para recuperar bens materiais considerados perdidos. Durante minha turnê nos Estados Unidos, uma mulher me disse que pediram a ela para guardar vários milhares de dólares que pertenciam a sua filha. Ela estava desesperada, pois não conseguia encontrar o dinheiro. Tinha guardado em algum lugar seguro, disse, mas simplesmente não conseguia lembrar onde. Estava numa verdadeira enrascada porque sua filha estava precisando dele.

Eu nada consegui captar, de modo que entrei em sintonia com Albert e disse: "Por favor, me ajude nessa, você é bom para essas coisas". A resposta que obtive foi: "Diga a ela que seu genro esteve na casa e levou o dinheiro".

Então eu informei a ela:

– Você não perdeu o dinheiro e não está perdendo os sentidos. Seu genro pegou o dinheiro.

A mulher entrou em contato comigo dias depois e disse que realmente havia acontecido aquilo e que estava muito aliviada. Sua vida corria um grande risco de mudar completamente se ela não tivesse recebido aquela mensagem, de modo que muito me agradecia.

○――――○

O que vou relatar agora nunca aconteceu com Albert, mas alguns médiuns muito bons, por uma razão ou outra, perderam a fé em sua própria capacidade. Lembro-me de uma médium irlandesa – uma das melhores que eu já encontrara, muito respeitada – me contando que tinha cem por cento de certeza sobre uma mensagem que passara a uma mulher, porém esta negava tudo, dizendo: "Isso é tão falso, você é uma fraude, uma impostora".

A médium simplesmente desmoronou. Não conseguia acreditar que os espíritos a tinham abandonado. Então, parou para pensar no que estava fazendo e disse a si mesma: "Se aquela mulher foi tão inflexível quanto ao que eu captava, achando que tudo era falso e podia prejudicá-la, então não vou mais trabalhar com isso". E encerrou suas atividades.

Três anos depois ela considerou a possibilidade de recomeçar e pediu ao mundo dos espíritos: "Dêem-me um sinal para que eu saiba que é a coisa certa a fazer".

Depois disso, encontrou a mulher "por acaso" num supermercado. A mulher veio até ela e disse: "Estive tentando entrar em contato com você, mas perdi seu número. Queria dizer que absolutamente tudo o que você me disse estava certo, eu só não sabia".

A mensagem acabara se revelando correta por inteiro, de maneira fantástica, e a mulher envolvida estava se sentindo realmente culpada por não a ter aceitado, especialmente quando soube que a médium largara as atividades pelos três anos seguintes.

Como resultado desse encontro no supermercado, a médium voltou a fazer o que sabia tão bem, mas, segundo me contou, interrogou-se sobre quão firme era a sua fé, já que perdera tão facilmente a confiança.

Também já dei mensagens a pessoas que disseram: "Não, você não sabe o que está falando". Porém, há muito tempo, cheguei a um ponto em que estabeleci enorme confiança no que me vem e também sei que o que digo para as pessoas raramente tem ligação comigo. São coisas que vêm através de mim, não de mim, de modo que é responsabilidade dos receptores estabelecer a verdade da mensagem. Muitas pessoas querem que você diga algo com que elas possam imediatamente se identificar, mas é parte da responsabilidade delas ir verificar a informação que eu lhes dou.

Ainda assim, quando aquela médium me contou sua história, foi uma boa lição para mim. Perguntei se tinha ficado fora do circuito mediúnico porque estivera doente, mas ela me respondeu: "De certa forma, fiquei deprimida, desanimada". Porém, o que de fato aconteceu foi que ela se deixou desanimar ao perder a fé. O lado bom de sua experiência, no entanto, é que depois a médium reconectou-se à sua força de um modo muito melhor do que poderia ter previsto.

Incríveis histórias do outro lado da vida

O que as pessoas freqüentemente não percebem é que a maior parte do desenvolvimento de um médium é sua própria vida. Aquela mulher teve de parar e viver sua vida por um tempo, simplesmente ir ao deserto para descobrir quão firme sua fé realmente era. Apesar do fato de ela já ser uma boa médium por bastante tempo, teve de se auto-analisar. E sua experiência de vida durante aqueles três anos, na realidade, a ajudou com maior força mais tarde, pois derrotou todas as dúvidas que ela andava tendo sem perceber. Eu sei, já passei por isso, mas felizmente sempre consegui dominar minhas dúvidas. De tempos em tempos, todavia, preciso me desconectar dos espíritos e recarregar minhas baterias para lembrar a mim mesmo de que estou vivo, vivendo no mundo físico.

E foi assim que eu me senti quando voltei para casa depois de minha estadia nos Estados Unidos.

SONHOS, PESADELOS E MEDOS

Com freqüência os espíritos nos dão mensagens através de sonhos. Uma moça, numa ocasião, veio conversar comigo:

— Gordon, a noite passada sonhei com meu pai, mas foi o mais estranho dos sonhos. Ele estava usando óculos escuros de grife e roupa de couro e pilotava uma Harley-Davidson morrendo de rir. Foi estranho porque meu pai, que morreu recentemente, era cego.

Ora, não tive de recorrer a muito conhecimento para explicar aquele sonho. Ao conversarmos, a moça contou que seu pai com freqüência dizia que se não fosse cego gostaria de atravessar os Estados Unidos de ponta a ponta numa Harley. O espírito dele viera para dizer a ela que estava feliz e totalmente liberto da deficiência que sofrera em vida.

Noutra ocasião, duas mulheres vieram me ver, mãe e filha. O marido da mãe — e pai da mais jovem —, apareceu para mim com muitas informações que as fizeram felizes, mas senti que a filha ainda estava incomodada. Quando perguntei qual era o problema, ela disse que andava tendo um sonho recorrente no qual era um salmão tentando nadar corrente acima com vários outros, porém, cada vez que tentava pular para o patamar superior, sua mãe, que estava na margem, usava uma rede para impedi-la de subir.

— Há quanto tempo você vem tendo esse sonho? — perguntei.

— Intermitentemente nos últimos três anos, desde que meu pai morreu — respondeu.

Tratava-se de outra questão fácil de resolver. Embora sua mãe me garantisse que amava a filha e jamais faria algo para segurá-la, era precisamente o que estava fazendo. Ela agarrava-se a sua filha da mesma forma como anteriormente agarrava-se ao marido, e era o espírito dele que estava tentando mostrar isso à filha, através do sonho – única maneira pela qual podia alcançá-la.

○─────○

Quando as pessoas me perguntam se é possível nossos entes queridos, que estão no mundo dos espíritos, entrarem em contato conosco através dos sonhos, o que digo a eles é para lembrarem mais como se sentiram durante o sonho do que o que viram.

De acordo com meu aprendizado, os sonhos que nos convencem de que tivemos, de fato, uma visita de alguém do outro lado são aqueles que nos deixam com uma nítida emoção, permanecendo conosco bem mais intensamente que o próprio sonho. Isso é o que nos leva a perceber que algo estranho ocorreu. É esse sentido de *alteridade* que nossa mente racional não consegue apreender ou compreender com a lógica habitual.

Associo esse tipo de sensação ao mundo dos espíritos. Com freqüência, quando estou em sintonia numa sessão ou demonstração pública, tenho uma forte sensação de que algo estranho está ocorrendo, uma sensação que me certifica de que estou então ligado ao outro lado. É difícil descrever essa sensação, já que não tem relação com nenhuma emoção humana reconhecível em minha vida cotidiana.

Eileen Walsh se esforçou por descrever suas sensações a mim durante uma sessão particular depois de saber que seu pai confirmara que a visitara num sonho. Ele me mostrou uma imagem de si próprio erguendo Eileen de uma cadeira de rodas e a ensinando a andar. Tudo isso parecia ter ocorrido num sonho, eu disse a ela. Ao ouvir isso, o seu queixo caiu e ela me interrompeu, dizendo emocionada que era exatamente o que tinha acontecido num sonho. Tudo o mais que eu dissera durante a sessão pareceu não ser tão importante. Tudo o que ela queria fazer era descrever seu sonho para mim.

Quase dois anos antes, Eileen estava andando a cavalo quando teve um acidente que a deixou quase paralisada. Sua perna esquerda não reagia devido aos danos causados em suas costas. Ficou confinada numa cadeira de rodas por seis meses e as perspectivas não eram boas. Mesmo tendo recebido o melhor atendimento médico que o dinheiro pôde pagar, iniciando um tratamento com uma fisioterapeuta que trouxera para morar em sua casa, seu espírito encontravase em tal grau de desânimo que ela simplesmente queria desistir.

Já havia se passado quase um ano do acidente e ela não estava mostrando nenhum sinal de melhora, sempre chorava até dormir, pensando que sua vida estava acabada. Disse-me que pediu a seu pai, morto uns dez anos antes, para buscá-la e levá-la para o lugar onde estava. Foi a primeira vez que pensou em seu falecido pai desde o lamentável acidente e simplesmente queria morrer e estar junto a ele.

Durante a noite acordava várias vezes, e em cada uma delas se sentia pior que na noite anterior; nessas ocasiões, pensava que teria de enfrentar outro dia igual ao anterior, constantemente desejando ter uma vida igual à de antes do acidente. Bem de madrugada, caiu numa espécie de sono em que se pôde ver sentada em sua cadeira de rodas no meio de um campo. Disse que o campo era diferente de todos que já tinha visto porque era muito brilhante, e a grama era de um verde tão intenso que a deixou pasma. Sentiu uma alegria difícil de explicar e então seu pai apareceu do nada, sorrindo para ela com os braços abertos, chamando-a.

Ela acordou do sonho com um sobressalto, as lágrimas escorrendo em sua face e com uma sensação indescritível brotando de seu âmago. Ela se perguntou se teria quase morrido, já que pedira ao pai para vir e ele viera. Pressupôs que o tinha chamado e seu aparecimento significava que estava prestes a partir com ele.

Mais que o sonho, foi a estranha sensação em seu âmago que permaneceu com ela o restante do dia – um sentimento que nunca sentira antes, sem comparação com qualquer outro em sua vida.

Seu estado físico não mudou muito nas semanas seguintes, e então de repente o mesmo sonho ocorreu certa noite, deixando-a com a mesma estranha sensação ao acordar. A única diferença entre esse sonho e o anterior foi que Eileen levantou da cadeira de rodas e ficou por um instante de pé, sozinha.

No dia seguinte, descobriu que pela primeira vez quis ficar em pé em sua sessão de terapia; de fato ela permaneceu de pé por muitos minutos, até sentir-se cansada e sentar-se de novo. Disse que o sentimento que permanecera com ela depois do sonho tinha sido a força que a impulsionara.

Nas semanas seguintes, teve o mesmo sonho várias vezes, só que neles seu pai a encorajava a andar. Cada dia seguinte ao sonho ela ficava mais forte e começava a andar sozinha cada vez mais. E cada dia era acompanhada pelo mesmo sentimento vindo de seu âmago, sensação que trazia do sonho para a vida real.

Ouvi fascinado a história de Eileen, especialmente quando me disse não mais precisar da cadeira de rodas e que o sonho parou e nunca mais voltou a ocorrer. Foi por isso, ela continuou, que veio me procurar. Precisava saber se seu pai, do mundo dos espíritos, esteve realmente envolvido ou se foi tudo sua imaginação. Então compreendi perfeitamente por que ela se comportara daquela maneira quando eu mencionei seu pai e a visão que ele me mostrara.

Sempre que penso sobre a história de Eileen fico imaginando o que os céticos diriam. Muitos, sem dúvida, diriam que foi seu subconsciente que criou o sonho a partir de uma frustração e do desespero. Alguns argumentariam que ela se iludiu ao pensar que seu falecido pai estava lhe dando força e que sua condição física podia ser decorrente de um trauma psicológico, superado por esse estratagema mental.

Eu não conhecia Eileen antes daquela sessão nem sabia que tinha estado numa cadeira de rodas por um ano de sua vida. Não fazia idéia de que seu pai estava no mundo dos espíritos e jamais poderia ter imaginado que ela havia tido experiências espirituais com ele e que acreditava a terem curado. Porém, mais do que tudo isso, o que me convenceu da presença da espiritualidade no caso foram os sentimentos indescritíveis que ela vivenciou durante os sonhos. Foi o que realmente me fez acreditar que seu pai a estava ajudando.

No final, em casos como esse não importa se as pessoas acreditam ou não, desde que elas melhorem como pessoas – assim como aconteceu com Eileen. Ela acreditou que seu pai estava a ajudando do outro lado. Eu confirmei isso como médium e a vida dela mudou para melhor.

o─────o

Além de fazer comunicação com os espíritos, alguns sonhos podem ser proféticos. Temos de fato momentos pré-cognitivos quando nossos corpos estão dormindo. Algumas pessoas dizem ter visto o World Trade Center caindo em Nova York antes do 11 de setembro, e isso não me surpreende. "Essa visão não ocorreu por causa de um espírito", digo a elas. "Foi você mesmo, foi a sua própria ansiedade."

Como alguém pode ficar ansioso com um evento que não sabe

se vai acontecer? O tempo não é relevante para a consciência. Espiritualmente, apenas um fragmento de nós existe no tempo, no corpo humano. Nossas partes que não existem no tempo têm conhecimento de tudo – passado, presente e futuro.

Quanto aos pesadelos, são construídos com os medos que você leva para a cama. Eles vêm daquela parte da psique que está clamando por sua atenção – em particular quando o pesadelo é recorrente. Se você sonha que está caindo de um rochedo, por exemplo, então na vida real você tem medo de estar declinando na vida, fracassando, se preferir. Se sonhar que alguém o esfaqueia e mata, então você precisa avaliar quem é que está tentando prejudicá-lo. O homem com a faca pode representar alguém que tenta acabar com seu negócio, destruir sua família, obliterar seu amor. E considere que você mesmo pode ser esse homem.

Para dar outro exemplo, talvez você sonhe que esteja segurando um bebê que alguém está tentando prejudicar. Seus filhos podem estar crescidos, mas seu subconsciente quer que você saiba que alguém está agindo contra os interesses deles. E, considere novamente, podem ser eles tentando prejudicar a si mesmos.

Passei por um período em que tinha o pesadelo recorrente de que alguém estava tentando me esfaquear pelas costas. Eu nunca conseguia reconhecer a pessoa porque ela estava extravagantemente vestida e seu rosto estava oculto, mas cada vez que lhe dava as costas ela enfiava a faca em mim. Sabia que era alguém que eu conhecia, alguém de quem eu gostava, e por fim acabei descobrindo de quem se tratava e passei a evitá-lo.

Noutro sonho, um cachorro me protegia de uma cobra. A cobra parecia-me ser muito simpática, de modo que resolvi acariciá-la. Porém, cada vez que eu o fazia, ela mostrava suas presas e o cachorro pulava e a atacava. A coisa curiosa era que, embora o cachorro fosse mordido e caísse no chão, se recuperava e a cobra desaparecia na grama. A cobra acabou revelando ser um homem com quem eu trabalhava no salão de cabeleireiro, alguém que aparentava ser um bom amigo, mas tempos depois fiquei sabendo que tentava vender histórias escandalosas sobre mim para um tablóide. O cachorro simbolizava os amigos que estavam tentando me proteger.

Essas são coisas que com freqüência causam pesadelos – mas não se esqueça de que você pode simplesmente tê-los porque estava assistindo a algo assustador na tevê antes de ir para a cama!

◦―――――◦

A raiva é algo que aparece muito nos sonhos e é um sentimento com o qual lido com freqüência, pois muitas pessoas em luto apresentam uma raiva subjacente. "Por que morreu antes de eu chegar?" "Por que Deus tinha de levá-lo?" "Por que os médicos não o salvaram?" Porém, essas são raivas que se dissiparão com o tempo. A raiva de que falo e que me perturba é a gélida, enterrada em nós, que não está imediatamente evidente, embora em geral eu consiga percebê-la, já que com freqüência é revelada por vozes controladas, contidas. É o perigo com o qual precisamos ter cuidado.

Os dois tipos de raiva brotam do medo. Digamos que você saia de uma calçada e um carro venha a toda velocidade e quase o atropele. Você ficou com medo de perder a vida e furioso com o motorista por ele não ter reduzido, mas isso passa. A raiva enraizada não passa. Pode ficar lá para o resto da vida. Normalmente, conduzimos nossa vida através de um baralho completo de emoções, então imagine ficar reduzido a uma só carta – a carta da raiva. Pessoas assim sofrem muito.

Mensagens Inspiradoras

Lembro-me do homem que veio me ver depois que sua esposa se enforcou. Dei a ele uma mensagem muito simpática de sua mulher, mas ele ficou furioso. Fervendo de raiva, me xingou e disse: "Como você ousa falar com minha mulher se eu mesmo não posso?" Seus olhos queriam saltar do rosto e usou todos os palavrões que existem contra mim. Com a ajuda de Albert Best, percebi que aquele homem estava furiosamente decidido a magoar a pessoa que estava tentando ajudá-lo, pois ele não queria ver-se livre de sua dor. Não queria deixar que ela se fosse.

Por sorte, a história tem um final feliz. Algum tempo depois, ele me escreveu uma simpática carta se desculpando, dizendo que passou a compreender o que estava acontecendo dentro dele. Fiquei contente pelo casal, pois ela ficou livre para prosseguir com seu desenvolvimento na vida após a morte.

Aquela mensagem mudou a vida de ambos.

Palavras de Provação

Aquele velho adversário de médiuns e paranormais, Chris French, apareceu de novo no programa *This Morning*, da ITV, em maio, desafiando-me mais uma vez a "provar" minha mediunidade. Chris e eu nos damos muito bem e acredito que temos um saudável respeito um pelo outro. Embora eu nem sempre aceite esses desafios, conheço Chris e confio que ele não tentará me enganar, garantindo que ambos tenhamos uma boa chance de apresentar nossos respectivos trabalhos. Então concordei.

Dessa vez, Chris decidiu fingir que era um médium paranormal. Então, os produtores trouxeram duas mulheres ao estúdio, Ângela e Anna, e disseram que nós dois éramos médiuns e faríamos sessões com elas. Ambas foram vendadas para evitar que reconhecessem Chris.

Chris (que estava usando o nome Derek O'Connor por achar que um nome falso era apropriado para o que iria fazer) disse a Anna que estava sendo "informado" de um problema na cozinha, que o nome "John" estava aparecendo (quem não conhece um John?) e que ela era bastante ambiciosa e estivera "alta" numa festa (o que era bastante óbvio, pois aparentava gostar de se divertir). Ele também falou de um "livro inacabado", que nada significou para ela. Porém, deu sorte com o problema na cozinha, porque sua máquina de lavar pratos quebrara recentemente.

Percebi que essa mulher não tinha necessidade do auxílio no luto, situações em que meu trabalho se concentra, mas eu disse a ela que o nome "Kennedy" me viera. Pois bem, era o seu nome de casada; também forneci a ela vários outros episódios e alguns números que se mostraram corretos.

Mensagens Inspiradoras

Quanto a Ângela, vou descartar a informação equívoca que Chris ofereceu-lhe. Realmente ela precisava da mensagem que passei. Tratava-se principalmente de um homem que falecera com um problema cardíaco, um homem com olhos sorridentes que costumava cantar para ela a música "Angie, baby", de Helen Reddy. Claramente, demonstrando que eles não eram uma tapeação, os espíritos que mandaram aquela mensagem a deixaram em prantos. Seu pai morrera fazia apenas seis meses de um ataque cardíaco e era de fato um homem com olhos sorridentes que costumava cantar "Angie, baby" para ela.

Para ser justo, Chris ergueu os braços e admitiu que sua experiência não tinha sido tão boa quanto esperava. Reconheceu que eu produzira provas melhores, enquanto o que ele apresentara não passara de chutes. Além disso, concordamos em advertir a todos aqueles que procuram a ajuda de um médium para tomar cuidado com os que cobram preços elevados para colocar alguém de luto em contato com um ente querido.

Por acaso, a experiência paranormal no *This Morning* provou mais uma vez que a televisão inglesa vive na idade das trevas no que se refere à mediunidade. Graças a uma decisão datando da época de Lord Reith, várias décadas atrás, mostrar pessoas trabalhando como eu é proibido. Exorcismos podem ser mostrados (com freqüência conduzidos por pessoas mentalmente desequilibradas), como também podem ser mostradas autópsias humanas e até assassinatos, mas não um médium trazendo a mensagem de um espírito para ajudar alguém que está sofrendo. De modo que os produtores da ITV tiveram de cortar a parte mais importante, em que dei a Ângela a mensagem de seu pai. Eu também tive de assinar um termo de compromisso antes de aparecer na televisão dando aos produtores do programa garantias de que, no caso de estar ao vivo, não me comunicaria com ninguém do outro lado. Porquê é tão hediondo, a ponto de não poder ser mostrado na tevê, está além da minha compreensão. Espero que algum dia isso mude.

o———o

As pessoas parecem realmente ter prazer em desafiar os paranormais. Bem recentemente recebi uma ligação de um conhecido apresentador da televisão européia me convidando para participar, em Paris, do que ele descreveu como um "desafio paranormal". A idéia, disse, era enfrentar uma ou mais pessoas que me desafiariam a fazer certas coisas. Se eu "conseguisse", ganharia duzentos mil euros de "prêmio".

Ora, eu simplesmente não faço programas de proezas na televisão. Tendo sido submetido aos mais rigorosos testes durante um período de mais de cinco anos pelo professor Archie Roy e Trish Robertson, como já mencionei, tenho confiança em meu dom e não tenho a menor necessidade de prová-lo.

Isso posto, há uma certa satisfação em conseguir surpreender os São Tomás que duvidam. Há algum tempo, eu estava fazendo um show televisivo com um apresentador escocês. Para falar a verdade, não era algo que eu queria fazer, porque acabou sendo um desses shows de *Halloween* em que eles vêm com todas aquelas tolices mal-assombradas que fazem a fama desse tipo de evento. De qualquer forma, a uma certa altura estávamos discutindo a mediunidade e o apresentador fez um comentário zombeteiro que me chateou. Afinal, era o fim de um dia muito longo e tedioso. Então, acrescentou que realmente não acreditava no que eu fazia.

Nesse exato momento – *bang!* – recebi uma mensagem para ele. Era seu avô, que queria que ele soubesse que dali a uma semana estaria sentado ao lado de um leito de hospital em Connecticut. "Você sabe que essa pessoa está doente e está muito assustado no momento", a mensagem continuou. Acabou que era o pai dele e foi tão na mosca que reduziu um dos principais apresentadores da Escócia às lágrimas, embora eu tenha lhe assegurado de que seu pai iria ficar bem, apesar dos problemas cardíacos.

A equipe, na verdade, filmou tudo, mas o apresentador confiscou a fita, embora tenha mais tarde feito um comentário para um jornal dizendo que foi "fantástico" e que realmente eu o "abalara".

○―――○

As mensagens podem com freqüência abalar as pessoas, assim médiuns e similares de fato têm certa responsabilidade sobre o que passam adiante. Isso realmente ficou muito claro para mim no fim de 2005, quando um certo sr. Davies veio me ver numa igreja espírita em Londres seis meses após a morte de sua mãe.

Ele não me dissera que perdera a mãe, mas o espírito dela veio muito rápido. Pedi então que me desse alguma prova de sua presença para que eu pudesse convencer seu filho de que realmente estava ali, mas ela não perdeu tempo falando sobre como sua morte aconteceu ou dando outros detalhes, apenas insistiu para eu dizer que ela teria morrido, de qualquer jeito. Ficou repetindo isso até eu passar a mensagem para ele.

Lembro-me de ter achado aquilo muito estranho, mas a sra. Davies não estava preocupada com isso. Ela continuou, dizendo que tudo o que seu filho soubera até então não passava de um monte de besteiras, portanto não deveria levar a sério. Àquela altura, devo admitir que estava ficando curioso, para dizer o mínimo. Queria saber a história por trás dessa mensagem particular. Isso é algo com que raramente me preocupo. Como sempre digo às pessoas, não é importante para o médium saber o que está acontecendo. O que é realmente importante é conseguir passar a mensagem.

Acho que o sr. Davies deve ter notado que eu estava ponderando a situação, pois me pediu para prosseguir, dizendo que o que eu lhe passara estava bastante correto e tinha certeza da presença da mãe.

Tudo estava correto e eu retomei a sintonia com o espírito da mulher. Foi então que fiquei pasmo com o que ela disse em seguida: "Diga a ele que Sheila não vai morrer em fevereiro".

Eu não fazia a menor idéia de quem era Sheila, mas esse tipo de informação não é adequada, não é o que o mundo dos espíritos espera de mim, portanto fiquei calado.

O homem percebeu que eu estava segurando informação e me pediu para dizer o que eu sabia. Tentei explicar que nunca dou informações sobre datas de morte e que os espíritos realmente não esperam que eu faça isso. Enquanto tentava entender a situação, torcia para que aquilo não me fizesse perder a conexão com a mãe.

Por fim, apenas comuniquei ao senhor que sua mãe dissera que Sheila iria ficar bem. Sei que estava mudando um pouco o teor da mensagem, mas realmente não me sentia à vontade para simplesmente soltá-la como viera. O sr. Davies, porém, pareceu aliviado e disse:

– Graças a Deus.

Disse-me que estava esperando ouvir aquilo e estava certo de que se ele contatasse sua mãe, ela poderia tranqüilizar sua mente.

Não aconteceu muito mais na sessão, e, depois de algumas poucas informações sobre membros da família que ela encontrara do outro lado, a sra. Davies simplesmente desapareceu. Foi quase como se ela viesse numa irrupção de energia para passar a tal mensagem e, então, suavemente voltasse a seu estado espiritual.

Mensagens Inspiradoras

Já estive envolvido em muitas sessões, e de fato em algumas situações inacreditáveis, mas esta em particular acabou sendo mais importante do que eu podia imaginar, pois libertou aquele homem de uma prisão mental em que estivera por seis meses desde que sua mãe morrera.

Ele me disse que nunca acreditara na vida após a morte, previsões para o futuro ou qualquer outra coisa paranormal, porém, um dia estava com alguns amigos tomando um drinque quando uma paranormal apareceu no *pub* e começou a circular entre os presentes, dando mensagens. A maioria das pessoas a ignorou, mas, quando ela abordou o sr. Davies, começou avisando que a mãe dele morreria naquele verão. Dizer que ele ficou atônito seria pouco. Então continuou, dizendo que a mulher dele também morreria, no mês de fevereiro do ano seguinte. Isso simplesmente o deixou pasmo.

Naquele momento, a mulher foi pega pelo braço por um segurança do *pub* e foi convidada a retirar-se. Os amigos do sr. Davies tentaram animá-lo dizendo que não passavam de bobagens as afirmações feitas por ela, mas ele não conseguia tirá-la da cabeça. Sentiu-se de certa forma violado por tais afirmações tão chocantes. Disse-me que não conseguiu dormir naquela noite e que nos meses seguintes sentiu-se um farrapo emotivo, especialmente quando sua mãe ficou muito doente, em junho de 2006.

Para a infelicidade do sr. Davies, sua mãe faleceu menos de um mês depois, de modo que não somente sofria aquela perda, como ainda tinha de suportar a nuvem sombria sobre sua cabeça devido ao medo que sentia por talvez vir a perder também a esposa. Ele nunca dissera nada à mulher sobre as predições, mas enquanto lutava sozinho, tentando não pensar nelas, ela percebeu que havia algo muito errado acontecendo com o marido. A princípio, achou que ele estava mal por causa da morte da mãe, mas seu comportamento era tal que por instinto ela percebeu que ele estava escondendo alguma coisa. Por fim, conseguiu fazer com que falasse.

Tente imaginar por um momento como seria para você se lhe dissessem que duas pessoas queridas, que são uma parte imensa de sua vida, iriam morrer no intervalo de um ano. Honestamente, não consigo entender o que pode levar alguém, mesmo se tiver um dom paranormal, a comentar algo assim. Aquela cartomante não tinha compaixão pelas pessoas às quais estava dando mensagens. Pessoas como ela não assumem a responsabilidade pelas ações e, segundo minha opinião, esse tipo de "paranormal" não faz mais que inventar. Em raras ocasiões, a informação acaba correspondendo à pessoa com quem estão falando, como aconteceu nesse caso, mas eu diria que não é mais do que uma coincidência, com nada de paranormal, e certamente não se relacionando em nada com a mediunidade.

E o efeito disso pode ser horrendo. Quando o sr. Davies acabou sentando à minha frente, em dezembro de 2006, ele não era mais aquela pessoa equilibrada, centrada e divertida, com um casamento feliz e dois belos filhos. Transformara-se em uma sombra deprimida e devastada, que parecia não ter muito pelo que viver. A pressão em sua mente se tornara avassaladora e ele se sentia impotente frente a ela.

Quando a princípio o encarei, ele me lembrou muitas pessoas que vejo. Pareceu-me triste e confuso e a primeira coisa que pensei foi que precisava restabelecer a conexão com alguém que amava. Não fazia idéia do tamanho do fardo que carregava, que chegara a minha porta após uma considerável busca pela esposa, pois vira-me num programa de televisão falando sobre paranormais semelhantes àquela fajuta cartomante que destruíra sua paz mental. Ele tinha a esperança de que ir a um médium como eu o ajudaria a compreender que tudo o que a mulher lhe dissera naquele dia era puro acaso.

Mensagens Inspiradoras

Não é nenhuma surpresa que sua mãe tenha vindo do mundo dos espíritos com tanta energia para lhe dizer que aquilo não era verdade. Não tenho a menor idéia de como os espíritos sabem sobre alguns eventos futuros, mas o que sei é que, quando é necessário trazer consolo ou paz mental para alguém, eles podem enxergar o futuro e nos dizer o suficiente para acabar com nossos medos. Logo em seguida, fevereiro de 2006 chegou e a sra. Davies permaneceu neste mundo, realizando a predição de sua sogra. O sr. Davies voltou a ser o homem que era e, seguindo meu conselho, passou a viver o momento presente e a desfrutar cada dia com sua família.

E, para mim, a mensagem que passei para ele foi outra indicação da responsabilidade que é ser um médium e de como as mensagens podem mudar a vida das pessoas.

A MENSAGEM QUE MUDOU MINHA PRÓPRIA VIDA

Há muitas mensagens que se destacam em minha mente por terem mudado a vida das pessoas – algumas por encerrarem um assunto que permanecia inacabado e outras porque deram força a pessoas de luto para seguirem em frente e tocar a vida, pois o espírito que contataram sempre estará zelando por elas, guiando-as e aguardando-as na outra vida. É difícil escolher uma mensagem em especial, que se sobressaia para mim. Porém, toda vez que alguém me pede para falar de uma mensagem que mudou minha própria vida, a que me vem imediatamente à mente é aquela que me levou a arriscar meu pescoço por minha crença – a entrar no limbo, se você preferir.

Aconteceu há mais de dez anos, quando Jim e eu estávamos morando em Glasgow e trabalhando para a igreja espírita de lá. Havia uma senhora que comparecia regularmente à igreja para buscar uma cura espiritual. Para o propósito deste livro vou chamá-la de "Liz".

Liz estava com câncer fazia algum tempo e passara por vários tratamentos. Muitos tumores já tinham sido removidos, ela fizera quimioterapia e cirurgia reconstrutiva. Quando a conhecemos, já tinha passado por tudo isso. Todas as semanas ela comparecia à igreja para ver Jim, em busca da cura espiritual, algo que ele praticava há vários anos, como eu.

Num curto espaço de tempo Liz começou a se sentir melhor. Sentia-se mais forte e percebia que sua atitude também estava mudando. Tudo somado, ela estava começando a se sentir mais "viva". A situação foi confirmada por seu médico quando ela retornou ao hospital. Ele disse que, independente do que estivesse fazendo, deveria continuar, pois seu corpo estava se recuperando muito bem.

Mensagens Inspiradoras

Ela até nos disse que ele não ficou chocado quando mencionou que estava fazendo uma cura espiritual. Certa vez, explicou aos estudantes de medicina que estavam na sala com eles que a energia nunca morre, portanto não podia excluir a possibilidade de alguém ser capaz de dar outra forma a essa energia enquanto ela ainda estava no corpo.

No geral, Liz estava começando a sentir-se muito melhor quanto à própria vida. Não me lembro se foi já na próxima visita ou na seguinte, mas não demorou muito para que ela tivesse a ótima notícia: o câncer permanecia controlado. Seu médico estava satisfeito com o tratamento reconstrutivo. Ela ficou tão feliz com a notícia que foi até um centro de adoção de animais e adotou um belo cachorro. Se sua vida havia sido salva, então ela salvaria uma outra!

Continuou a buscar cura espiritual na igreja, e uma amizade se desenvolveu entre nós. Levava também seu cachorrinho, que passava o tempo todo brincando com nosso *spaniel*, Cheeky Charlie. Tudo corria bem e Liz estava encarando o futuro com uma renovada sensação de alegria que compartilhava com sua companheira canina, pois ambas ganharam uma extensão em suas vidas.

Então tudo mudou. Lembro-me até hoje da sensação que percorreu meu corpo quando Liz ligou-me e disse que recebera notícias muito ruins. Uma radiografia de rotina mostrou um tumor muito adiantado em sua mandíbula conectado ao nervo ótico – infelizmente, impossível de operar. Disseram a ela para pôr em ordem suas coisas pessoais, pois não havia esperança alguma.

Foi uma das notícias mais cruéis que já recebi. Uma pessoa adorável, que tinha passado por tamanhas dificuldades, tanto físicas quanto emocionais, tivera outra chance apenas para ver-se novamente forçada a encarar a morte de frente. Daquela vez, todavia,

Liz tinha de pensar em sua cachorrinha. Sua maior preocupação era com ela, não consigo mesma. Preparou-se para morrer tantas vezes anteriormente que passou a aceitar a situação, porém temia que sua cachorrinha perdesse a chance de ser amada, livre e feliz.

Fui visitar Liz dois dias depois e ofereci um pouco de cura espiritual. Realmente não sei o que esperava acontecer, mas me lembro de ter pensado que podia pedir ao mundo dos espíritos para lhe trazer alguma paz mental. Acho que simplesmente desejei oferecer algo em um momento em que a esperança realmente não era mais uma opção.

Foi então que aconteceu a coisa mais estranha. Eu já dera cura espiritual para muitas pessoas e a sensação de calor passando por minhas mãos era sempre a primeira coisa que eu vivenciava. Mas não naquela ocasião, no entanto. Estava de pé, atrás de minha paciente, com as mãos em seus ombros, pedindo aos espíritos para ajudá-la, quando tive a nítida sensação de que havia alguém de pé ao meu lado. Alguém que eu conhecia muito bem: meu velho amigo Albert Best, um dos maiores médiuns e curandeiros de todos os tempos. Agora ele está no mundo dos espíritos, mas sua presença fez eu me sentir calmo.

Meus olhos estavam fechados e, em minha visão mental, podia ver Albert apontando para a cabeça de Liz, bem atrás da orelha esquerda. Ouvi-o dizer claramente como a luz do dia: "Não há nada aqui. Eles cometeram um erro."

O que estava querendo dizer?

Mal eu mandara esse questionamento para Albert, ouvi-o afirmar: "Ela será informada daqui a dez dias".

Dizer que fiquei atônito é pouco. O que eu deveria fazer? Uma coisa que não faço é dar às pessoas falsas esperanças. Liz se tornara uma amiga e, em todo o caso, dar a ela uma mensagem como essa parecia excessivamente encorajador e falso, como se eu estivesse negando a realidade da situação. De modo que eu realmente não queria dar a ela a mensagem de Albert. Como poderia fazê-lo? Enquanto eu ficava ali me questionando como agir, Liz me perguntou se algo aconteceu comigo quando estava lhe dando a cura. Disse que sentira algo estranho, porém não sabia como explicar.

Lutei para não mencionar a vivência espiritual, embora ainda sentisse meu velho amigo comigo. Eu confiava na mediunidade de Albert mais do que na de qualquer outro médium que conheci. E também confiava nele como ser humano e amigo. Em seu próprio trabalho ele era fantástico, mas aquilo era algo muito difícil mesmo.

Então, simplesmente ouvi as seguintes palavras saindo da minha boca:

—Você não vai morrer. Cometeram um erro e daqui a dez dias você será informada disso por seu médico.

Pronto, estava dito e eu não podia voltar atrás. Na realidade, a sensação foi como se alguma outra pessoa tivesse falado, embora fosse minha voz.

Meus olhos se arregalaram quando olhei diretamente para Liz; perguntei-me o que diria. O momento pareceu interminável, nada aconteceu durante o que parecia ser uma hora, mas provavelmente apenas dois ou três segundos tinham passado quando Liz explodiu numa gargalhada. Ela apenas ria sem parar.

– Obrigada, Gordon – agradeceu. – Sei que suas intenções são boas. Obrigada por me fazer rir, mas nada pode ser feito por minha saúde agora. Ainda assim, sem nada mais, ao menos você me faz rir quando tudo está tão sério.

A cachorra se aproximou e ela a abraçou. Eu me senti horrível. Queria que o chão se abrisse e me engolisse. Foi um daqueles momentos na vida em que você gostaria de poder apagar os últimos cinco minutos, mas sabe que terá de enfrentá-los. "Que erro enorme", pensei. Tudo o que eu queria era pôr meus braços em volta de Liz e pedir desculpas, porém Albert ainda não tinha terminado. Comecei a falar com ela de novo. De algum modo simplesmente não podia me calar.

– Em sua bolsa há uma carta que só você sabe da existência – eu disse. – É do seu irmão, com o qual você não fala há anos.

Eu sabia que aquela mensagem estava vindo diretamente de Albert, naquele momento.

– Se isso for verdade, – continuei – então precisa dar atenção ao que lhe foi dito.

O rosto de Liz assumiu então uma nova expressão. Ela me perguntou como eu sabia disso e quem era que estava me dando essa mensagem. Pensei por um momento e então expliquei que Albert estivera ali durante a cura e que eu jamais tentaria dar a ela falsas esperanças, apenas havia certeza de que ele forçara o envio da mensagem. Então me ouvi dizer:

– Você tem de confiar. Albert jamais viria a mim com alguma informação a não ser que fosse realmente importante.

Eu sabia que tais palavras eram certas. Então senti Albert partir. Conhecendo o grande homem que era como eu conhecia, vi-me confiando mais nele do que nos médicos de Liz.

Apesar disso, posso dizer que passei muitas noites sem dormir durante os dez dias que transcorreram antes da próxima visita de Liz ao hospital. Também tive muitas dúvidas secretas que nunca compartilhei com ninguém. E, no entanto, uma parte de mim sabia que o que aconteceu naquele dia era uma prova para me fazer confiar em meu dom, fornecendo a Liz uma mensagem inacreditável.

Dez dias depois, numa tarde de terça-feira, às quatro horas, meu telefone tocou. Era Liz:

– Você subiu muito em minha avaliação, doutor! – foram as palavras dela.

Acredite se quiser: o hospital reconheceu que cometera um erro imensurável. Eles estavam muito embaraçados por ter feito Liz passar por esse episódio horrendo e explicaram que alguém olhara a radiografia errada. Não havia tumor e Liz não morreria. Em vez disso, ela e sua cachorrinha estavam de partida para um local remoto no belo interior escocês para um descanso que ela precisava muito.

Quanto a mim, minha crença no mundo dos espíritos acabou por aumentar inacreditavelmente – e para além da dúvida que até aquele momento às vezes ainda pairava sobre mim. Meu velho amigo Albert viera e me ensinara uma lição valiosa do outro lado, uma lição que me permitiu levar meu dom a milhares de pessoas nos anos que se seguiram. Eu não entrei no limbo por conta própria, tinha sido empurrado para ele. Mas a confiança que tenho no meu trabalho agora é o que o torna especial.

Realmente acredito que aquela experiência me elevou a um grau superior de compreensão do que eu faço. Não foi muito depois que comecei a viajar cada vez mais, aplicando meu método de cura mundo afora. Para mim, foi realmente um evento que mudou minha vida, um momento decisivo para a minha confiança espiritual. Vi quão importantes as mensagens que passo são, e isso me encorajou a trabalhar mais, em favor do meu dom.

Por meio de meu trabalho vivenciei muitas experiências que mudaram minha vida, porém nenhuma delas mais do que a viagem à África do Sul, onde tive o privilégio de conhecer crianças maravilhosas que me inspiraram a pensar em como a vida é importante. Mesmo quando breve, ainda assim é importante ser vivida. Vale a pena viver por tudo, até a morte.

Eu acredito que são nossas experiências que nos fazem quem somos. Cada mágoa e dor forma outra parte de nossa personalidade e nos ensina sobre a vida neste quadro limitado da existência humana. Acredito que a razão de virmos aqui para baixo é vivenciar tantas experiências quanto pudermos, de modo a melhor apreciar a liberdade de nosso lar espiritual do outro lado.

Nesta vida podemos passar por muitas mudanças, tanto boas quanto ruins, vivenciando tanto o paraíso quanto o inferno. Essas coisas nos fazem saber que estamos vivendo. Cada episódio é somado a nossa experiência e quando verdadeiramente tivermos aprendido determinadas lições, não teremos de passar por certas coisas novamente.

Esta vida é importante para cada um de nós e cada um de nós é igualmente importante para esta vida. E o que aprendemos aqui, levaremos conosco para a próxima vida. As mensagens dos espíritos contadas aqui foram enviadas aos seus devidos receptores para mostrar que a vida é contínua. Esta mensagem de esperança é para todos aqueles que se sentem limitados neste mundo, tristes ou sozinhos, desconectados ou desamparados. A vida de vocês acabará mudando. É inevitável. Este mundo humano não é permanente. Mas, lembre-se, o que sempre existirá é a própria vida e o que chamamos de morte é apenas um "renovar" dessa vida.

Em qualquer forma de vida, empenhe-se em ser feliz.

NOAH

Gordon Smith apóia a Noah (Nurturing Orphans of Aids for Humanity – cuidando de órfãos da Aids por humanidade). Trata-se de uma instituição de caridade sul-africana criada em 2000 para ajudar a "epidemia de órfãos" da pandemia de Aids. A maioria das crianças não é portadora do HIV e precisa ser cuidada até chegar à idade adulta. Já somam um milhão, mas estima-se que passarão dos dois milhões em 2015 e serão dez por cento ou mais da população do país por volta de 2020. O futuro da África do Sul depende de que tipo de cidadãos esses órfãos da Aids irão se tornar.

A Noah trabalha em prol do desenvolvimento adequado dessas crianças, para que sejam adultos emocional e psicologicamente estáveis. Ajuda-os a se desenvolver como cidadãos responsáveis e participativos, e possibilita que eles venham a ser pais que criem bem seus próprios filhos. A instituição conta com a orientação de indivíduos entusiasmados, centrados e responsáveis, das próprias comunidades dos órfãos, para o estabelecimento de redes de atendimento a essas crianças vulneráveis. Cada rede é conhecida como uma "Arca".

Como as Arcas são geridas por voluntários com habilidades e confiança para prover o atendimento dentro de suas próprias comunidades, elas fornecem poderio às comunidades e reforçam sua capacidade de atendimento e apoio. É algo mais efetivo do que o atendimento a longa distância, bem como mais fácil de administrar e menos suscetível a desvios. Esses fatores significam que a abordagem da Noah tem uma excelente relação custo-benefício e é altamente sustentável, podendo ser estendida por toda a África do Sul.

Para saber mais e apoiar o trabalho da Noah, visite: www.noahorphans.org.za

Este livro foi impresso pela Prol Editora Gráfica
para a Editora Prumo Ltda.